Wolfgang Schmidbauer

# Im Körper zuhause

## Alternativen für die Psychotherapie



Fischer
Taschenbuch
Verlag

fischer alternativ –
herausgegeben von Rudolf Brun

Eine Reihe des Fischer Taschenbuch Verlags

16.–20. Tausend: November 1984

Originalausgabe
Veröffentlicht im Fischer Taschenbuch Verlag GmbH,
Frankfurt am Main, November 1982


Umschlagentwurf: Peter Hajnoczky, Zürich
Satz: Fotosatz Otto Gutfreund, Darmstadt
Druck und Bindung: Clausen & Bosse, Leck
Printed in Germany
680-ISBN-3-596-4072-7

# Inhalt

# Vorwort

Als Kind bin ich oft in die Buchhandlung Waldbauer in Passau gegangen, wenn ich etwas Taschengeld gespart hatte. Zu dem Verkäufer, der mich fragte, was ich mir wünschte, sagte ich: *»Ein Tierbuch.«*

Ich züchtete Fische und Kanarienvögel, mit wechselndem Erfolg. Es war eine Zeit, in der man in Niederbayern, wo ich aufwuchs, noch stundenlang mit dem Rad über Landstraßen fahren konnte, ohne daß einen mehr als zwei Autos überholten. Wir haben in der Donau gebadet und in den Altwässern des Inn, von denen wir so begeistert waren, daß meine Mutter oft die Geduld verlor und aus einem in den Sand gesteckten Stock eine Sonnenuhr baute, an deren Signal zum Heimgehen wir uns zuverlässig hielten. Ich erinnere mich an den leicht fauligen Geruch des heißen Sandes und an die Wechselbäder zwischen dem eiskalten, reißenden Gebirgswasser und den klaren, von der Sonne aufgeheizten Altwässern. Aus ihrem schlammbedeckten Boden sprudelten Quellen wie kleine, unterseeische Vulkane. In dem damals noch frei fließenden Bach gab es Forellen und Gründlinge, in den hohen Sandwänden nisteten Vögel.

Die mit solchen Erinnerungen verknüpfte emotionale Beziehung zur Natur ist ein Teil meiner Motive, über Ökotherapie zu schreiben. Obwohl mich Schule, Studium und Beruf mehr und mehr dem kindlichen Leben in und mit der Natur entfremdet haben, ist mir ein Stück dieser Bindung erhalten geblieben. Nach dem Studium kaufte ich ein Bauernhaus in der *Toscana*, das – ohne fließendes Wasser und Straßenanschluß – zu verfallen drohte. Als ich Psychotherapeut wurde, konnte ich nicht mehr, wie früher, als freier Schriftsteller das Sommerhalbjahr in meiner privaten Wildnis um das Haus in *Vicchio* verbringen, in einer Landschaft, die nicht von Straßen wie von Messern zerschnitten war. Die Psychotherapie bindet an die großen Städte.

Die Frage nach den menschlichen Beziehungen zur Umwelt hat mich immer beschäftigt. Aber die Art meiner Antworten hat sich geändert. Vor elf Jahren schrieb ich ein Buch »Homo consumens«[1], in dem ich die Umweltzerstörung auf die individuelle Konsumleidenschaft zurückführte und versuchte, psychologisches Material für die Entstehung der

Konsumsucht und für ihre Überwindung zusammenzutragen. Heute glaube ich nicht mehr daran, daß solche Forderungen den Weg der Industriegesellschaften beeinflussen werden. Ich denke noch gerne an den Schlußsatz:

*»Homo consumens ist, wie vor einigen Jahrmillionen der Dinosaurier, schon heute zum Aussterben verurteilt. Die Frage ist noch offen, ob Homo sapiens diesen Untergang überleben wird.«*

Aber der Predigt-Ton, der folgt, mißfällt mir:

*»Es liegt an uns, an jedem einzelnen von uns, an unserem Verhalten von heute, wie die Antwort ausfallen wird.«*

Dieses »uns« ist ein Kunstgriff, der einen moralischen Appell ins Leere ermöglicht. Bekanntlich entscheiden weder die Menschen, die ökologische Bücher lesen oder Anti-Atomkraft-Aufkleber an ihre Autos heften, über die Entwicklung der Industriegesellschaft – noch auch jene, die auf ihre Autos schreiben: Mehr Atomkraft, weniger Spinner. Mit einer individualisierenden Betrachtungsweise lassen sich die Entwicklungen der Industriegesellschaft nicht verstehen und nach dem bisherigen Augenschein auch nicht ändern. Dennoch sind es die Individuen, für die ich mich interessiere. Wenn ich heute versuche, einen Beitrag zu der *Überlebens-Veränderung* zu leisten, will ich bei dem anfangen, was mir am nächsten ist: meiner eigenen Rolle als psychologischer Experte.

Als ich den Homo consumens schrieb, diskutierte ich einen Abend lang heftig mit einem Freund, der als Graphiker arbeitet und unter anderem auch Firmenwerbung macht. Damals fühlte ich mich ihm moralisch weit überlegen – dem Komplizen der Konsumwerbung, dem Fahrer eines gefräßigen amerikanischen Straßenkreuzers. Ich war besser, ein Psychotherapeut, dessen Waren die Umwelt nicht mittelbar oder unmittelbar verschmutzen, der ein bescheidenes Dieselauto benützt.

Heute fühle ich mich ihm nicht mehr überlegen. Ich glaube nicht mehr an einen moralischen Unterschied in unserer Form, Geld zu verdienen, und auch nicht mehr an einen moralischen Unterschied zwischen Dieselautos und Straßenkreuzern. Und ich finde es sinnvoller, meinen eigenen Beitrag zu den Selbstmordprogrammen (leider gibt es ja schon mehrere davon) der Industriegesellschaft genauer zu untersuchen, als mich über die Beiträge anderer zu entrüsten.

Ein anderer Vorläufer dieses Buches ist meine Arbeit über *Jäger und Sammler*. Diese altsteinzeitlichen Kulturen habe ich schon geliebt, als ich sie nur aus Büchern kannte. Nur sehr zögernd war ich bereit, sie wirklich in Augenschein zu nehmen. Es brauchte Zeit, bis ich diese Widersprüche klären konnte. Kinder, die im Einklang mit den Menschen ihrer Umgebung aufwachsen und nicht gezielt auf »Leistung« erzogen werden, sind ein Traum, den Psychotherapeuten mit ihren

Patienten träumen und den sie in den Primitivkulturen verwirklicht sehen. *Jean Liedloff* beschreibt das in ihrem Buch über die *»Suche nach dem verlorenen Glück«*[2]. Wer aber selbst seine eigene Kultur, die Umwelt, mit der er in langen Jahren vertraut geworden ist, verlassen will, um Primitivkulturen zu erforschen, muß ein hochentwickeltes Leistungsverhalten aufweisen, eine große Fähigkeit, Bindungen und Ängste zu unterdrücken. Wenn meine »Feldforschung« lange Zeit darin bestand, auf einer Wiese in der Toscana zu liegen und über Büchern wie *»Man the Hunter«* von *Richard Lee* und *Irven DeVore* zu träumen, dann war ich diesem Forschungsgegenstand emotional näher, aber rational ferner als meine Kritiker, die – wie *Irenäus Eibl-Eibesfeldt* – auf ihre Expeditionen und Filmdokumente pochten.

Meinem Buch über »Jäger und Sammler«[3] und Jean Liedloffs Arbeit über die zivilisierten Erwachsenen, die so vergeblich den Zustand nachholen wollen, den ihnen nur das Aufwachsen bei den Yequana wirklich gegeben hätte, ist die Vorstellung vom *»evolutionär Richtigen«* gemeinsam. Es gibt demnach Bedingungen, unter denen der Mensch glücklich leben kann, und andere, die ihn unglücklich machen. Die Menschen der altsteinzeitlichen Kulturen, die keinen Begriff für Arbeit kennen, sind glücklicher als wir. Die Psychotherapeuten versprechen die Wiedergutmachung der Schäden durch unsere Erziehung. Die kindlichen Gefühle von Angst, Verlassenheit, hilflosem Haß müssen als »Primärerlebnisse« in therapeutischen Situationen, von Experten angeleitet, wiederholt werden, um die emotionale Ganzheit in unserer Leistungsgesellschaft zurückzugewinnen. In dem evolutionär kurzen Zeitraum, der unsere Zivilisation hervorbrachte, hat der Mensch die Umwelt verloren, in der er mit seinem Körper und seinen Gefühlen zu Hause sein kann. Er mußte lernen, sein Gespür dafür zu unterdrükken, was richtig für ihn ist. Innere und äußere Kontrolle im Dienst der verschiedensten Obrigkeiten waren der Ersatz. So haben wir eine Kultur, die Glücksgefühle nur noch als *»Entladung gestauter Erregung«* zuläßt, wie *Freud* sagt.

Das Indianerbaby gewinnt, immer auf dem Rücken der Mutter geschaukelt, von Anfang an Weltvertrauen. Ist es als Symbol für die Sehnsucht des Weißen geeignet, der dauernd unzufrieden ist und Glück nur in ferner Zukunft sucht? Auch dies ist ein Traum, diesmal ein ethnologischer. Wie *Colin Turnbull*[4] gezeigt hat, können aus solchen Babys auch mißtrauische, grausame, völlig vom Egoismus besessene Wesen werden, wenn das ökologische Gleichgewicht ihrer Kultur zerstört ist. Die glücklichen Indianer sind von einer verderblichen Leidenschaft besessen, sich unglücklich zu machen, die Güter der Zivilisation durch Arbeit zu erwerben oder ihren Kummer, daß es ihnen nicht gelingt, im Alkohol zu ertränken. Es entwertet den Traum vom Leben im Gleichgewicht mit der Natur nicht, wenn wir zugestehen, daß die Träumer immer wieder bereit waren, ihn für den Alptraum der Zivilisation aufzugeben. Aber es macht mich ärgerlich, wenn neue Therapieformen eine Neugeburt verheißen und Therapeuten sich anmaßen, die gegenwärtigen Leiden durch die Umweltzerstörung durch ein Nach-Erleben kindlicher Frustrationen aufzuheben: Während die Tannen sterben, wachsen wir emotional immer höher.

»Im Körper zu Hause« ist ein Versuch, Hindernisse wegzuräumen, die der emotionalen Empfindung und damit auch den emotionalen Lösungen unserer verzweifelten Situation entgegenstehen. Ich versuche, die Verleugnungen aufzuheben, mit denen wir uns trösten, und die Ratschläge der Experten in Frage zu stellen, die uns verwirren. Erst wenn alle Erwartungen auf eine Lösung von außen zerstört sind, können wir uns auf unsere inneren Lösungsmöglichkeiten besinnen. Wenn wir im Körper zu Hause sind, haben wir eine letzte Gewißheit.

Diese stehen nicht in diesem Buch, weil ich nicht glaube, daß meine eigenen auch für andere gelten. So gesehen, ist die Ökotherapie ein Gegengewicht zum Psychoboom, in dem Traumbilder, Meditationen, »Gestalten«, Emotionen, Bewegungen, körperliche und seelische »Symptome« von Fachleuten behandelt und damit der eigenen, inneren Orientierung weggenommen werden.

Ich habe überlegt, als ich an diesem Buch schrieb, ob ich nicht mehr Ratschläge geben sollte. Ich dachte an das »Positive«, an das Körpergefühl, an die Erfahrungen mit der Nicht-Behandlung von Krankheiten. Aber kann ich wirklich positive Gefühle vermitteln, indem ich über sie schreibe? Die geschriebene Aussage ist normativ, sie entfremdet den Leser von seinen eigenen Gefühlen. Gut gemeint, wird sie zum Paradox: Sei spontan! Richte Dich nach Deinen Gefühlen! Höre auf Deinen inneren Arzt! Vertraue auf die Selbstregulation in Deinem Körper! Gefühle lassen sich durch Bilder vermitteln – ein gutes Beispiel dafür scheint mir Tolkiens Welt – oder aber, indem man versucht, die Hindernisse für sie zu beseitigen. Wissenschafts- und Expertengläubigkeit ist ein Hindernis für sie. In Erziehung und Psychotherapie gibt es eine öde Wüste, die von Experten beherrscht wird, und einen fruchtbaren, faszinierenden Dschungel, in dem keine solche Ordnungsmacht regiert. Hier gedeihen die verschiedensten Bilder, jedes steht für sich, spricht für sich, es gibt verschiedene, gleich gültige Lösungen für die Probleme des Lebens. Das heißt nicht, daß sie identisch sind, ebensowenig, wie die Pflanzen im Dschungel identisch sind. Die Öde, welche die Experten herstellen, beruht auf ihrer Monokultur des Nützlichen, in der Erziehung beispielsweise der Leistung.

Zusammen mit Freunden habe ich lange darüber nachgegrübelt, ob ich ein neues Wort wie *»Ökotherapie«* in den Titel aufnehmen soll. Jedenfalls will ich damit keine neue »Schule« der Pychotherapie begründen und mich in Zukunft als Experte für ökologische Therapie zu Talkshows einladen lassen. Die Ökologiebewegung hat für mein Empfinden viel zu sehr auf Wissenschaft gesetzt und sich damit immer wieder in Gefahr begeben, daß ihr Anliegen in den Mühlen der Gutachten und Gegengutachten von Experten zermahlen wird. Das mag manchmal politisch nötig sein. Die Grundlage der ökologischen Wahrnehmung beruht nicht wie die klassische Naturwissenschaft auf dem Ausschalten der Gefühle, um wiederholbare Ergebnisse zu erzielen, sondern auf der Verbindung von Gefühl und Einsicht, um die Einzigartigkeit des Lebens in seiner ganzen Vielfalt zu erhalten. *»Small is Beautiful«*[5] – die Rückkehr zum »menschlichen« Maß zielt ebenfalls dahin, die Vielfalt der Organisations- und Lebensformen zu fördern, indem emotionale Bedürfnisse anerkannt werden. Die technokratische Tendenz läuft darauf hinaus, die emotionalen Bedürfnisse zu verleugnen, so daß am Ende die blinde Primitivität der Macht- und Ausbeutungssteigerung alles unterjocht und einebnet.

Während die etablierten Einrichtungen der Industriegesellschaft dadurch funktionieren, daß sie Gefühle geringschätzen und sich auf Sachzwänge berufen, sind die Entscheidungen für die »Alternativen« emotional begründet. Die emotionale Seite aller Menschen in diesen Gesellschaften ist »alternativ«, sie wird aber durch die herrschende Geringschätzung zum Schweigen gebracht. Auch die Wähler der Technokraten, ja die Technokraten selber haben eine bessere Gefühlsbeziehung zu Wiesen, Wäldern und klaren Flüssen als zu Trabantenstädten, Schnellstraßen und Kanälen. Sie haben nur gelernt, ihre Gefühle zu verachten, und gefühlsbezogene Argumente desgleichen. Jeder Schritt, der zu mehr emotionaler Autonomie führt – also zu mehr Bereitschaft, nach dem zu handeln, was wir unabhängig von allen äußeren Gehirnwäschen als innerlich richtig für uns selbst fühlen –, ist ein Schritt zum Überleben. Er bietet nicht viel Hoffnung und keine Sicherheit des Erfolgs. Er wird kaum unseren Ansprüchen standhalten, die an maschinenmäßiger Vollkommenheit orientiert sind. Aber er ist, wenn schon nicht gut, so doch das Beste, was wir tun können.

*München, am 1. Juni 1982* *W. S.*

# 1. Verleugnung in der Industriegesellschaft

Der Neurotiker wendet sich von der Wirklichkeit ab, weil er sie – ihr Ganzes oder Stücke derselben – unerträglich findet.

*S. Freud**

»Dann möchtet Ihr also, daß wir uns nach Minas Tirith oder Dol Amroth oder Dunharg zurückziehen und dort sitzen wie Kinder auf Sandburgen, wenn die Flut kommt?« fragte Imrahil.

*J. R. R. Tolkien***

* S. Freud, Formulierungen über die zwei Prinzipien des psychischen Geschehens, Ges. Werke VIII, Frankfurt am Main 1955, S. 230

** J. R. R. Tolkien, Der Herr der Ringe, Bd. III, Stuttgart 1978, S. 173

Wir alle können nur leben, indem wir ständig Gedanken und Gefühle *verleugnen*. Der lockere, gewissermaßen noch luftdurchlässige Mantel der Verleugnung schützt unseren empfindlichen seelischen Apparat besser als der undurchdringliche, entfremdete Panzer der Verdrängung, in der uns jeder Zugang zu einer abgespaltenen Welt verlorengeht. Sicherlich weiß der Autofahrer, der bequem dahingleitet, daß er in den nächsten Sekunden in einem Gewirr aus verbogenem Blech und splitterndem Glas unter gräßlichen Schmerzen sterben kann. Aber er verleugnet dieses Wissen. Gelingt es ihm nicht, wie es manchmal nach Unfällen oder aus einem nicht weiter faßbaren Anlaß geschieht, dann sagen wir (in diesem Fall die Gruppe meiner Berufskollegen, der Psychotherapeuten): Dieser Mann leidet an einer Phobie, an einer ungesteuerten Angst. Er kann behandelt werden, indem man ihn in abgestuften Übungen desensibilisiert oder indem man versucht, die unbewußten Konflikte aufzudecken, die hinter der Phobie stehen.

Interessanterweise scheint das erste Verfahren aussichtsreicher und schneller wirksam. Vor einigen Jahren habe ich ein Buch aus dem Amerikanischen übersetzt[6], in dem ein Psychologe mit schlecht verhehlter Schadenfreude über einen Mann aus Los Angeles berichtete. Dieser begab sich in Psychoanalyse, weil er Angst hatte, auf den Stadtautobahnen der kalifornischen Metropole zu fahren, die wohl von allen Großstädten den höchsten Landschaftsverbrauch aufweist. Der Patient änderte durch die Therapie seinen Beruf, ließ sich scheiden, gewann neue Interessen und neue Freunde – die Angst vor den Stadtautobahnen behielt er. Daraus läßt sich – und *Perry London* versäumt es nicht – die Überlegenheit der Verhaltens- über die Einsichttherapie ableiten. Was ist schon von einer Behandlungstechnik zu halten, die alles mögliche bewirkt, nur das nicht, wozu sie eingesetzt wurde? Früher dachte ich, der Mann aus Los Angeles wäre mit einer Verbindung von analytischem Aufdecken und verhaltenstherapeutischem Üben am besten bedient gewesen.

Inzwischen bin ich von solchen Vorschlägen abgekommen. Ich frage mich: Ist es überhaupt sinnvoll, ohne genauere Prüfung anzunehmen, die Phobie vor den Stadtautobahnen sei Ausdruck einer Krankheit? Drückt nicht dieser Patient eine Sensibilität gegenüber einem umweltzerstörenden, die Menschen überfordernden Wahnsinn aus, die den »gesunden« Verkehrsteilnehmern fehlt? Seine Verleugnungsmechanismen arbeiten nicht mehr so einwandfrei, wie das bei anderen Einwohnern von Los Angeles der Fall ist. Aber wir müssen nicht nach Kalifornien gehen, um solche Überlegungen anzustellen. Auch hierzulande gibt es genug Autofahrer, die sich nicht in eine Großstadt wagen. Leiden sie alle an Angstneurosen, oder woran leiden die Menschen, die routiniert jeden Tag ihren Wagen durch die überfüllten Straßen steuern? Wie sehr wir es uns angewöhnt haben, gut funktionierende Verleugnungsmechanismen mit seelischer Gesundheit gleichzusetzen, zeigt auch die Einstellung zu den Flugphobien. Es gibt nicht wenige Leute, die große Angst haben, ein Flugzeug zu besteigen. Viele leiden nicht darunter; sie fliegen einfach nicht, sehr zum Kummer der Fluggesellschaften, die gelegentlich eigene Trainings für solche verlorene Kunden anbieten. Andere empfinden ihre Phobie als so störend, daß sie sich behandeln lassen.

Der moderne Flugverkehr frißt nicht nur Landschaft und Energie, produziert Lärm und gefährdet Menschenleben, sondern er führt dazu, daß wir in Gefahr laufen, überall und nirgends zu Hause zu sein. Südseeinseln verwandeln sich in mit Beton armierte Flugzeugträger. Von den Dschungelpisten wandern die Touristen scharenweise zu den letzten »wilden Indianern« und konservieren in Fotos, was sie suchen und durch diese Suche zerstören: Leben im Einklang mit der Natur. Manche Anthroposophen sagen, daß eine Mutter ihr kleines Kind nach der Rückkehr von einer Flugreise erst einen Tag später sehen soll. Ihr Astralleib ist noch nicht angekommen, und das dafür empfindliche Baby kann dann die Mutter nicht annehmen. Ich verstehe nichts von Astralleibern, aber ich finde diesen Hinweis treffend. Unsere Verarbeitungskapazität ist auf Fußreisen zugeschnitten. Alles, was schneller wird, können wir nur noch rational bewältigen, emotional aber nicht. (Radfahren und Reiten sind vielleicht Ausnahmen.)

Je länger ich als Psychotherapeut arbeite, desto mehr wird mir deutlich, daß sich in der gegenwärtigen Industriegesellschaft niemand einem zerstörerischen Prozeß entziehen kann, in dem immer mehr natürliche, sich selbst regenerierende Kreisprozesse durch destruktiven Konsum ersetzt werden. Landschaft, die Reinheit von Flüssen, von Luft, die Schönheit und Regenerationsfähigkeit des Wachsenden und Gewachsenen werden durch gemachte Gegenstände und Gebäude ersetzt, die Natur in Müll verwandeln. Man sollte meinen, daß der Psychotherapeut damit nur wenig zu tun hat. Er kann sich freuen, daß er nicht unmittelbar an den industriellen Produktionsprozessen beteiligt ist, die Bäume in Altpapier und Mineralien in Schrott oder Gift verwandeln. Aber der Versuch, sich in der Industriegesellschaft ein gutes Gewissen dadurch zu erhalten, daß man die Opfer der zerstörten Umwelt behandelt und ihnen ihr Schicksal erleichtert, überzeugt mich nicht mehr. Er wird immer beliebter. Eine heftige Konkurrenz hat eingesetzt; die besten Abiturienten werden nicht mehr Ingenieure und Manager, sondern Ärzte und Psychologen.

Ein Freund, der sich vor einigen Jahren als Nervenarzt niedergelassen hat, erzählte mir neulich, wie sehr ihn und seine Kollegen die wachsende Zahl der Anstragsteller auf die Anerkennung als Behinderter oder als Frührentner verbittern. Ein Arzt, der rund sechzig Stunden pro Woche arbeitet, soll einen Angestellten per Gutachten unkündbar machen oder berenten, dessen Symptome er bei sich selbst nicht als Grund akzeptieren würde, auch nur einen einzigen Tag nicht in die Praxis zu gehen! Mein Freund erzählte mir auch, wie sein früherer Chefarzt dieses Problem gelöst hatte: Er schrieb keine Rentengutachten mehr, weil er sich darüber so ärgern mußte. Seine Assistenten taten es für ihn.

Ich versuche in solchen Situationen gelassen zu bleiben. Es fällt mir auch leichter, ich bin kein Arzt, und muß deshalb nicht hinter dem Krankheitsbegriff versteckte Sozialpolitik treiben. Mich interessiert es auch mehr, was hier im Helfer vorgeht. Eine Ärztin, deren Behandlungen ich mit ihr besprach und die von mir lernen sollte, beschrieb mir einmal ihre Wut über eine Patientin, die sich mit vierzig Jahren berenten lassen wollte. Ich konnte sie dazu bringen, über ihren Ärger nachzudenken und ihn nicht mehr für etwas Schicksalhaftes, Selbstverständliches zu halten. In der nächsten Konstrollstunde erzählte sie mir einen Traum: Sie war als Patientin in das Nervenkrankhaus in *Haar* bei *München* eingeliefert worden. Dort traf sie die Frau wieder, die sie so geärgert hatte. Sie waren jetzt beide Patienten und verstanden sich gut. Jedoch nagte in der Ärztin das Gefühl: *»Wie steht es denn mit meiner analytischen Abstinenz, wenn ich mit meiner Patientin zusammen in der Klapse sitze?«*

Mir scheint, es ist einfacher, abstrakt vom notwendigen Verzicht auf weiteres Wirtschaftswachstum zu sprechen, als konkret mit anzusehen, wie Faulheit und Berentungswünsche um sich greifen. Aber was gibt mir das Recht, jemanden zu tadeln, der keine Lust hat, eine Arbeit weiter zu verrichten, zu der ich auch keine Lust hätte? Entweder bin ich konsequent und akzeptiere seelische Gründe – oder ich huldige einer doppelten Moral, entlaste den Arbeitnehmer, der »aus Versehen« die Hand in die Drehbank bringt oder sich ein blutendes Magengeschwür zulegt, während ich den ehrlichen Faulen durch Rentenverweigerung zur »Vernunft« zu bringen versuche. Was ist das für eine Vernunft, die unbewußt inszenierte Unfälle oder Krankheiten entschuldigt, bewußte Verweigerung jedoch bestraft?

Wir kommen wieder zurück zum Ausgangspunkt: zur Verleugnung. Wer sich selbst beschädigt, um »wirklich« krank zu sein, bedroht das gesellschaftliche Verleugnungssystem nicht. Sein Leiden ist faßbar, »objektiv«. Das Verleugnungssystem kann keine Lücken zulassen. Es läge nahe, rational begründete, zusammenhängende Entscheidungen (wie den Berentungswunsch des Faulen) für günstiger zu halten als irrationales, selbstschädigendes Handeln. Aber das rationale Handeln darf nicht einem letztlich irrationalen, leistungsfixierten Wettbewerbssystem widersprechen, zu dessen Folgen der Zwang zu wachsender Umweltzerstörung gehört.

Wer verleugnet, gesteht durchaus zu, daß es das gibt, was er verleugnet. Aber er weigert sich, wirklich anzuerkennen, was es bedeutet. Der *Verdrängende* erschrickt, wenn ihm bewußt gemacht wird, was er verdrängt hat. Er sucht eine neue Orientierung. Der *Verleugnende* wechselt die Ausflucht. Am liebsten würde die Atomindustrie uns glauben machen, daß Radioaktivität nicht gefährlicher ist als Sonnenschein. Wenn das nicht mehr geht, heißt es wenigstens, daß die natürliche Radioaktivität viel stärker ist als alles, was wir von einem Reaktor zu erwarten haben. Und wenn das nicht mehr glaubhaft ist, dann heißt es, wenn wir nicht gewisse Risiken auf uns nähmen, würden die Lichter ausgehen und die schreckliche Steinzeit begänne wieder. In der Verleugnung wird vor allem Betroffenheit abgewehrt. Ein typischer Spruch dazu ist: *»Das Gute an diesen Argumenten ist nicht neu, und das Neue nicht gut!«* Damit ist das, was betroffen machen könnte, abgewertet, während das längst Bekannte abgelegt werden kann. Alles darf beim alten bleiben. »Das hat mir schon mal jemand gesagt«, antworte ich, wenn ich eine Aussage, die mich betrifft, nicht an mich heranlassen und keine Beziehung zu dem aufnehmen will, der sie vorbrachte.

Ehe wir uns mit dem Mechanismus beschäftigen, durch den Verleugnungen zustande kommen, kurz ein Blick auf das, was verleugnet wird:

1. Die Sinnlosigkeit vieler Bereiche unserer Arbeit, in der wir Zeit und damit Leben drangeben, um uns an der Herstellung oder dem Konsum von Dingen zu beteiligen, die weder nützlich noch notwendig sind.
2. Die Ausbeutung der Laien durch die Fachleute, der Besitzlosen durch die Besitzenden, der Kinder durch die Erwachsenen. Diese Ausbeutung ist teils materiell, teils narzißtisch (d. h., der Ausgebeutete stützt und stärkt das Selbstgefühl des Ausbeuters).
3. Die Zerstörung der Umwelt, solange sie mich selbst nicht unmittelbar betrifft. Wenn neben meinem Vorgarten eine Schnellstraße oder hinter meinem Häuschen ein AKW gebaut werden sollen, reagiere ich alarmiert und kämpferisch. Aber ich bin ohne weiteres bereit, zu verleugnen, daß ich selbst Schnellstraßen benutze und Strom abnehme, und dadurch indirekt den Bau von Schnellstraßen oder AKW's fördere (ich halte diese Vereinfachungen in diesem Zusammenhang für entschuldbar).
4. Die Unmenschlichkeit von Mehrheitsentscheidungen, wenn die Betroffenen kein Vetorecht haben. *Brokdorf* oder die neuen Flughäfen in *München* und *Frankfurt* sind völlig legal zustande gekommen. Aber wenn die Umwelt einer Minderheit zugunsten einer Mehrheit zerstört wird (wie es durch den Bau von Schnellstraßen, Flughäfen und Kraftwerken jeden Tag geschieht), dann wird eine Demokratie unglaubwürdig, welche dieses Vorgehen rechtfertigt.

5. Die Gefühle von Angst und Unsicherheit angesichts einer Zukunft, in der es unmöglich so weitergehen kann wie in den letzten Jahrzehnten, in denen die Industriegesellschaften nicht von den Zinsen des Umwelt-Kapitals gelebt, sondern das Kapital selbst aufgezehrt haben. Es ist klar, daß diese Strategie scheitern muß, daß die gegenwärtige Lebensform soviel Zukunft hat wie die Dinosaurier in den Sümpfen der Jura-Zeit. Ebenso klar ist, daß die Mehrheit der denkenden Menschen dieses Wissen verleugnet.

Ohne diese Verleugnungen wäre nicht denkbar, was in den letzten Jahrzehnten geschehen ist und weiter geschieht. Die Macht der Verleugnung hängt mit der Entwicklung des bürgerlichen Bewußtseins zusammen, in der die Auflösung der feudalen Treuebindungen zugunsten der Durchsetzung durch individuelle Arbeit bzw. Kapitalverwertung eine wesentliche Rolle spielt. Die bürgerliche Revolution betonte den Wert der Freiheit des Phantasierens *(»Sire, geben Sie Gedankenfreiheit«,* sagt *Posa* in *Schillers ›Don Carlos‹).* Verweigerte Gedankenfreiheit drückt aus, daß Gedanken gefährlich sind, daß es – wie die heilige Inquisition annahm – für die gesellschaftliche Ordnung bedrohlich ist, wenn jemand sich zwar angepaßt verhält, jedoch durch sein Denken das geordnete Weltbild in Frage stellt. Der »aufgeklärte« Fürst hingegen gewährt Gedankenfreiheit, läßt die Gazetten niedriger hängen – solange die Handlungen der Bürger angepaßt bleiben, können ihre Gedanken frei sein. Im Evangelium steht noch, daß der nicht besser ist als ein Ehebrecher, der nur in Gedanken sündigt. Die bürgerliche Gedankenfreiheit widerspricht dem, und Freuds These vom seelischen Schaden, den Verdrängungen möglicherweise anrichten, markiert den Schritt von der Gedankenfreiheit des 19. zu den freien Einfällen des 20. Jahrhunderts. Wer mehr perverse oder aggressive Phantasien zuläßt, kann sich eher besser als schlechter beherrschen, lautet die Aussage der Psychoanalyse.

Das Zustandekommen des bürgerlichen *»falschen Bewußtseins«* und seiner Verleugnungen läßt sich vielleicht mit einem Vergleich erfassen. Wenn es darum geht, etwas zu verstecken, gibt es zwei Möglichkeiten: Ich kann jede Spur davon beseitigen, oder ich kann so viele Spuren legen, daß jeder, der danach sucht, vollständig verwirrt ist und die Suche aufgeben muß, weil er sich immer wieder durch falsche Fährten getäuscht sieht. Die erste Vorgehensweise ist die feudale, »mittelalterliche«, biblische. Die zweite entspricht dem bürgerlichen Bewußtsein und ist heute im Zeitalter der Massenmedien und des wachsenden Informationskonsums noch weiter vervollkommnet worden. Diese Taktik enthält bereits den grundlegenden Mechanismus der Verleugnung. Es wird auch deutlich, weshalb sie erfolgreicher ist als die absolute Unterdrükkung. Manche Wahrheiten lassen sich nämlich gar nicht mehr unterdrücken. Sie können nicht aus der Welt geschafft werden. Aber es ist ohne weiteres möglich, so viele andere, verwirrende Informationen neben sie zu stellen, daß keine klare Entscheidung mehr möglich wird.

# 2. Die Lust am Untergang

Die Leistung der Rauschmittel im Kampf um das Glück und zur Fernhaltung des Elends wird so sehr als Wohltat geschätzt, daß Individuen wie Völker ihnen eine feste Stellung in ihrer Libidoökonomie eingeräumt haben. Man dankt ihnen nicht nur den unmittelbaren Lustgewinn, sondern auch ein heißersehntes Stück Unabhängigkeit von der Außenwelt. Man weiß doch, daß man mit Hilfe des ›Sorgenbrechers‹ sich jederzeit dem Druck der Realität entziehen und in einer eigenen Welt mit besseren Empfindungsbedingungen Zuflucht finden kann.

*S. Freud**

»Armer alter Gríma! Armer alter Gríma! Immer wird er geschlagen und beschimpft. Wie ich ihn hasse! Ich wünschte, ich könnte ihn verlassen!« »Dann verlaßt ihn doch!« sagte Gandalf. Aber Schlangenzunge warf Gandalf aus seinen Triefaugen nur einen Blick voller Angst zu, und dann schlurfte er rasch hinter Saruman her.

*J. R. R. Tolkien***

* S. Freud, Das Unbehagen in der Kultur, Ges. Werke XIV, Frankfurt am Main 1955, S. 436

** J. R. R. Tolkien, Der Herr der Ringe, Bd. III, Stuttgart 1978, S. 295

Den Psychotherapeuten wie den Ökologen beschäftigen heute mehr und mehr *Sucht-* und *Entzugserscheinungen.* Es ist sicher kein Zufall, daß Süchtige am deutlichsten dazu neigen, ihre Abhängigkeit zu verleugnen. Sie trinken nicht, keinen Tropfen – und wenn sie doch trinken, dann nur ganz wenig, ganz selten –, und wenn sie doch regelmäßig trinken, dann ist es ganz klar, daß sie jederzeit Schluß damit machen könnten. Fast jeder Fixer ist dabei, endgültig aufzuhören – zuvor aber braucht er noch den ganz bestimmt letzten Schuß. Der Arbeitssüchtige (die wohl immer noch häufigste, sicherlich aber sozial am meisten anerkannte Form der Sucht) will nach dem nächsten Urlaub ganz bestimmt kürzer treten, endlich mal Zeit für die Hobbys, die Familie haben, endlich mal richtig ausspannen. Aber jetzt muß er eben leider noch mal voll ran, der Durchbruch steht kurz bevor...

Für den Süchtigen dient die Verleugnung dem Versuch, den Kuchen zu haben und zu essen. Er will die Lust behalten, die er aus seinem Verhalten bezieht, aber gleichzeitig die schädlichen Folgen vermeiden, von denen er weiß. Da beides in der Realität nicht möglich ist, weicht er in eine von Verleugnungen seiner Ohnmacht und Abhängigkeit bestimmte Phantasie aus. Diese Verbindung von Merkmalen läßt sich ohne größere Veränderungen auf den vorherrschenden Verhaltenstypus in den Konsumgesellschaften übertragen. Auch sie wollen den Kuchen behalten und ihn gleichzeitig aufessen, sie verleugnen den Schaden, den sie anrichten, die schleichende Selbstzerstörung, an der sie sich beteiligen. Die Parallelen gehen noch weiter. Zwischen der steigenden Kriminalität und der wachsenden Zahl von Drogenabhängigen in den Großstädten der Industriegesellschaften besteht ein enger Zusammenhang. Der Alkoholsüchtige kann, weil sein Rauschmittel legal verkauft wird und deshalb nicht übermäßig teuer ist, viel länger sozial und wirtschaftlich überleben als der Fixer.

Dieser kann in der Regel nur noch auf illegalem Weg Geld verdienen, um seine illegale Droge zu kaufen. Er wird zum Dealer, zum Zuhälter; die süchtigen Mädchen prostituieren sich. Aber welcher Unterschied besteht eigentlich zwischen dem Fixer, der mit vorgehaltenem Revolver einem Passanten in New York das Geld für den Stoff abknöpft, ohne den er nicht glaubt leben zu können – und dem amerikanischen Politiker, der laut über eine militärische Invasion in die ölbesitzenden Länder nachdenkt, wenn diese ihre »Verpflichtungen« den Industriestaaten gegenüber vergessen?

Es gibt Hochrechnungen, nach denen es in etwa zweihundert Jahren in den USA mehr Alkoholiker als Nicht-Alkoholiker geben wird. Das ist natürlich als Prognose fragwürdig, aber es drückt einen Trend aus, der in allen Industrieländern ähnlich ist: Es werden immer mehr Drogen verbraucht. Die Umsätze von Alkohol, Tabak oder den zahlreichen

Schlaf-, Beruhigungs- und Aufputschmitteln nehmen zu. Über die illegalen Rauschgifte (Heroin, Kokain, Haschisch) sind keine Zahlen bekannt – außer denen der Drogentoten und denen der beschlagnahmten Mengen von Rauschgiften bzw. der verhafteten Dealer, die in allen Industrieländern mit wenigen Ausnahmen ansteigen. Neben Arbeit kann auch Fernsehen eine Droge sein. Es unterhält, verwöhnt, schafft Illusionen, macht passiv und abhängig.

Die Süchte der Individuen und der industriellen Gesellschaften haben noch weitere Gemeinsamkeiten. Zu den wesentlichen Mit-Ursachen der Sucht gehört ein *schwindendes Gesundheitsbewußtsein.* Normalerweise besteht ein Zusammenhang zwischen Gesundheit und Lust. Der gesunde Organismus wird narzißtisch besetzt, d.h. als etwas erlebt, welches das Selbstgefühl steigert. Der Süchtige ist nur wenig oder gar nicht in der Lage, diese Lust an der Gesundheit zu erleben. Sie beruht unter anderem darauf, daß Anspannung und Entspannung einander in zyklischem Wechsel folgen, wie Schlafen und Wachen, Aktivität und Passivität, Einatmen und Ausatmen. Die Sucht, d.h. die innere Bindung an ein äußeres Mittel, welches scheinbar unabhängig von diesen zyklischen Prozessen Lust verschaffen soll, tritt dann auf, wenn die Lust aus diesen zyklischen Vorgängen zerstört worden ist.

Es ist dabei sehr wesentlich, daß es so etwas wie eine ganz individuelle Lust gar nicht gibt. Um den Wechsel von Anspannung und Entspannung zu genießen, muß ein soziales Wesen wie der Mensch sich in seinen Beziehungen geborgen fühlen. Diese *Geborgenheit* entsteht durch ein Gleichgewicht zwischen (aktiv) lieben und (passiv) Geliebtwerden. In der für die Leistungs- und Industriegesellschaft vorherrschenden Erziehung wird dem Kind beigebracht, daß es nicht wegen seiner Bereitschaft, seine Eltern zu lieben, geliebt wird, sondern nur wegen seiner Fähigkeit, sich an ihre Erwartungen anzupassen – zu arbeiten, etwas zu leisten, »gut« zu sein, das »Schlechte« von sich abzuspalten.

Damit vermindern sich auch die Möglichkeiten, die ersehnte Geborgenheit aktiv in menschlichen Beziehungen herzustellen. Der suchtgefährdete Mensch ist immer auch narzißtisch gestört. Er fühlt sich zu schwach zu lieben und will diesen Mangel durch ein übermäßiges Bedürfnis nach Geliebtwerden ausgleichen. Alle müssen ihn lieben, weil er eigentlich niemanden lieben kann, sondern nur versucht, »gut« zu sein. In der Konkurrenzgesellschaft wird aber nicht geliebt, wer »gut« ist. Er wird allenfalls bewundert, oft auch gehaßt. So steht der narzißtisch Gestörte in einem unlösbaren Dilemma. Alle Anstrengung läßt ihn nicht zur Ruhe kommen, denn er findet keine Geborgenheit in mitmenschlichen Beziehungen. So muß er sich die Geborgenheit, die innere Ruhe künstlich verschaffen. Er greift zu den verschiedenen Mitteln, welche die Gesellschaft anbietet.

Wer insgesamt gute Chancen darin sieht, durch seine Anpassungs- und Abspaltungsstrategien genügend Zuwendung zu bekommen, wird eher bei den legalen Suchtmitteln bleiben. Er sucht eventuell auch durch ständige Arbeit (»workaholic«) die innere Leere zu bewältigen, die durch seinen frühen Gefühlsverzicht entstanden ist. Wer keine Erfolgserlebnisse hat, dem bleibt endlich nur der Haß – Haß auf die Gesellschaft, Haß auf sich selbst, Haß, der die Liebe von außen, die so gesucht wird, immer auch vergiftet und unglaubwürdig macht.

So liegt es nahe, die von außen erlebte Gleichgültigkeit und Einfühlungslosigkeit, verknüpft mit den unnachsichtigen Leistungsforderungen der bürgerlichen Erziehung, auf die Beziehung zum eigenen Körper zu übertragen. Er soll, wie das angepaßte Kind den Eltern, seinem »Besitzer« prompt und ohne Widerstand die Reaktionen liefern, die von ihm verlangt werden. Er soll aushalten, was an Giften in ihn hineingekippt oder hineingespritzt wird. Wenn er es nicht tut, sind eben neue Mittel, neue Gifte notwendig.

Auf eine ganz ähnliche Weise wie der Süchtige mit seinem Körper geht die Industriegesellschaft mit ihrer Umwelt um. Sie soll die erwünschten Reaktionen liefern – sonst setzt es was! Sie soll die Gifte vertragen, die in sie gekippt, versprüht oder verpulvert werden. Wenn sie es nicht tut, müssen neue Mittel her. Den Fluß vergiften und ein Hallenbad bauen, lautet das Motto. Wie der Süchtige die Vielfalt seiner Gefühle und Erlebnisse einengt auf das coole Streben nach der Giftbeschaffung, so wird die Natur unter den Gesichtspunkten der Verwertbarkeit reduziert – werden Flüsse begradigt, Mischwälder durch Monokultur ersetzt. Äußerlich ist dem Süchtigen sein körperliches Wohl egal, doch hinter dieser Gleichgültigkeit steckt Haß. Äußerlich ist auch den profitorientierten Managern der Industriekultur die Natur egal, doch möglicherweise steckt dahinter ebenfalls Haß, Abneigung gegen alles, was sich einem auf das Erwirtschaften von Profiten ausgerichteten Weltbild noch entzieht. Anders kann ich so groteske Vorgänge gar nicht verstehen, wie sie sich beispielsweise an den Küsten des Mittelmeers abspielen. Wo eine schöne Bucht zum Baden lockt, wachsen riesige Apartmenthäuser aus Beton in die Höhe, die gerade das zerstören, was so anziehend war (auch ganz unmittelbar, denn die Abwässer fließen ungeklärt neben dem Badestrand ins Meer). Noch deutlicher wird dieser Haß in der Beziehung zwischen den kolonialistischen Kulturen und den Primitivkulturen z. B. der amerikanischen Indianer.

Dieser Haß verwirrte die Indianer völlig. Sie waren durchaus bereit, Überlegenheiten der Weißen zu respektieren. Aber sie konnten nicht verstehen, weshalb die Weißen die Überlegenheit der Indianer in einem ganz wesentlichen Bereich – nämlich in Einklang mit der Natur in einem ökologisch stabilen System zu leben – nicht nur nicht anerkannten, sondern die Indianer deshalb haßten, sie für minderwertig erklärten, für faule Wilde, die nichts mit dem Land anfangen können (weshalb es doch durchaus gottgewollt sei, es ihnen wegzunehmen). Ökologische Weisheit, die oft darauf hinausläuft, nichts zu tun, und alles zu lassen, ist von den Europäern schon immer als Faulheit verdächtigt worden. Das Leben im Kontakt mit der Erde gilt als schmutzig und die Überzeugung, daß wir weder unsere Kinder noch Land besitzen können, als heller Wahnsinn. In den primitiven Kulturen beruht die schamanistische Psychotherapie gerade darauf, daß der individuelle Körper nichts Vereinzeltes, kein Privateigentum seines »Besitzers« ist, sondern Allgemeingut, Teil des sozialen Zusammenhangs. Das gleiche gilt für das Land und für die Kinder. Für die amerikanischen Indianer, die sich sehr anschaulich ausdrücken können, ist der Umgang der weißen Farmer und Bergwerksmanager mit der Erde dem Versuch vergleichbar, das Fleisch der eigenen Mutter aufzureißen, es zu vergiften und ihre Knochen zu zerbrechen.

Die Betrachtung des Süchtigen zeigt eine lehrreiche Karikatur dessen, was eine umweltzerstörende Gesellschaft den Individuen antut, die an dieser Zerstörung teilhaben. Wir haben bisher eine ganz wesentliche Parallele noch nicht erwähnt: den Zwang zur *Dosissteigerung*, der für den Süchtigen ebenso kennzeichnend ist wie für die kapitalistische Industriegesellschaft (und wohl auch für die konkurrierenden sozialistischen Gesellschaften des Ostblocks). Für den Außenstehenden ist es verrückt, wenn ein Fixer, der ohnehin nicht mehr genug Geld für Heroin hat, um so höhere Mengen braucht, je weiter er herunterkommt. Wieso kann er sich nicht beherrschen? Wieso kann er, wenn er endlich einen kleinen Vorrat des Giftes hat, mit diesem nicht haushalten? Weshalb muß er fast zwangsläufig die Dosis so weit steigern, daß er am Ende bei jeder Injektion an der Grenze zu der tödlichen Überdosis steht, die ihn durch Atemlähmung auslöschen kann? Aber wer die Akteure auf der Szene des Wirtschaftslebens beobachtet, die immer noch, jeder für sich und gegen alle anderen, nach mehr Wachstum ihrer Produktion, ihres Umsatzes und ihrer Profite streben, sollte sich eigentlich nicht mehr über das irrationale Verhalten des kleinen Fixers wundern.

Es ist für die Automobilproduzenten selbstverständlich, daß sie nur durch Produktionssteigerung und Modernisierung die Krise bewältigen können. So investieren deutsche, amerikanische und japanische Konzerne Milliardenbeträge. Jeder hofft, daß die zwangsläufigen Schrumpfungen die anderen treffen, nicht ihn selbst. Der Beitrag zum Umweltschutz liegt darin, daß die Autos, wenn sie vernünftig gefahren werden, zehn Prozent weniger Benzin verbrauchen als bisher: fauler Zauber in einer stets zu Verleugnungen bereiten Gesellschaft, in der wir jetzt wieder mit gutem Gewissen in die Zukunft fahren können.

Das Bild des Süchtigen gibt nur wenig Anlaß zum Optimismus. Die Ursprünge der Sucht sind im dunkeln. Sie liegen weit zurück, in einer Kindheit, in der das *innere Gleichgewicht* zerstört und durch eine ungesunde Abhängigkeit von äußerer narzißtischer Bestätigung ersetzt wurde. Die Drogenabhängigkeit stellt einen Versuch dar, diese Abhängigkeit rückgängig zu machen, sie unter Kontrolle zu bringen. Im Grunde wissen wir nicht viel Sicheres über die Wurzeln der Sucht. Aber wir wissen, wie schwierig es ist, mit dieser Ersatzbefriedigung aufzuhören, wenn sie einmal als Lösung einer sonst unlösbar erlebten Lebenssituation eingeschliffen ist. Vielleicht mußte der Süchtige als Kind oft Probleme lösen, die gar nicht die seinen waren, mußte er sich narzißtischen Erwartungen anpassen, die ihn überforderten und für die er nicht konnte. Jetzt aber ist es gerade umgekehrt: Die Sucht gibt ihm die Möglichkeit, seine inneren Probleme zu veräußerlichen, seine Angst in ein Räuber-und-Gendarm-Spiel hinauszuverlegen, so zu tun, als ob die Gesellschaft oder die Droge an allem schuld und er für seine Selbstzerstörung nicht verantwortlich wäre.

Ich habe als Therapeut gute Ansatzmöglichkeiten, wenn ich einen Gewinn an Lebenslust verspreche, die Beseitigung lästiger Einschränkungen oder die Bewältigung schmerzlicher Gefühle. Aber vom Süchtigen muß ich zunächst einmal verlangen, etwas aufzugeben. Er soll es für eine ungewisse Zukunft tun, in der er vielleicht einmal gesündere Formen des Lustgewinns kennenlernen könnte. Kein Wunder, daß er nur unter äußerem Zwang (etwa von einer Gefängnisstrafe bedroht) zu einer Behandlung bereit ist, kein Wunder, daß er so lange wie möglich versuchen wird, sowohl die Droge wie die Chancen eines drogenfreien Neubeginns zu behalten, d.h. sich selbst zu belügen.

Nicht viel anders ist die Art, in der sich die Industriegesellschaft vormacht, in der sie sich vorgaukeln will, sie könnte beides behalten, die Verschwendung und die Zukunft, den Raubbau an der Natur und das ökologische Gleichgewicht. Ich muß nur eine einzige Illustrierte durchblättern, um zu sehen, daß diese Art süchtiger Verschleierung heute gewissermaßen zu einem von der Konsumwerbung geschaffenen Umweltbewußtsein wird:

*»Wieder Kontakt aufnehmen mit der Natur. Mal wieder so wie früher spazierengehen, richtig wandern, mit Rucksack und so, lange Radtouren machen. Mit dem Bus rausfahren ins Grüne, auf Wald- und Wiesenboden laufen. Und dann irgendwo ›Picknick im Freien‹. Unter freiem Himmel schmeckt plötzlich alles anders, redet man anders, versteht man sich plötzlich anders.*

*Mit unserem ... möchten wir Sie zu dieser neuen, fröhlichen Wochenendmode verführen...«* (Ein Warenhaus).

*»Gewinn ein Stück aus ... Country. 100000 qm Land oder 30000 US-*

*Dollar in bar. Teilnahmekarten überall, wo es ... gibt. Der Bundesgesundheitsminister: Rauchen gefährdet Ihre Gesundheit.«* (Das Foto zeigt ein Blockhaus in einer vom Autoverkehr unberührten Landschaft; im Vordergrund zwei Reiter.)

*»Die Qualität der modernen Industrieerzeugnisse entspringt sozialer Verantwortlichkeit; sie ist das Ergebnis ernster Bemühungen um technische und ästhetische Vollkommenheit.«*

*»... Er hat Temperament zum Fahren und 5 Gänge zum Sparen. ... gibt wirtschaftlichem Fahren eine sportliche Note. Seine aerodynamisch günstige Form trägt zum Benzinsparen bei, zugleich betont das attraktive Styling den sportlichen Charakter.«*

*»Der neue ... Aufregend vernünftig.«*

*»... Weil viele die besten Jahre ihres Lebens auf der Straße verbringen müssen. Zum ruhigen, entspannten Fahren tragen auch die neuentwickelten Leichtmetall-V8-Motoren bei. Sie bauen ihre hohe Leistung bereits im mittleren Drehzahlbereich auf und ermöglichen damit eine nerven- und energieschonende Fahrweise. Andrerseits erlaubt die Charakteristik dieser Motoren den blitzschnellen Zugriff auf beruhigende Leistungsreserven. Das Mehr an Leistung realisieren die neuen Motoren mit einem bis zu 12% niedrigeren Kraftstoffverbrauch... Fahrzeugnutzen und Werterhaltung stehen unter der Maxime wirtschaftlicher Vernunft. Das heißt, bei ihrer Realisierung wurde die begrenzte Verfügbarkeit von Energie und Rohstoffen verantwortungsvoll berücksichtigt...«*

Es geht alles: Wir können weiterhin den Kuchen behalten und ihn aufzehren, wir können vernünftig und verschwenderisch zugleich sein, die Umwelt kaputtmachen und sie erhalten. Es gibt vernünftige, verantwortungsvolle Techniker und Manager, die dafür sorgen. Die Produkte werden ständig verbessert, und mit ihnen wird sich unser Leben ständig verbessern. Wir werden es schaffen, immer noch schneller zu fahren und doch weniger Benzin zu verbrauchen.

# 3. Die Ohnmacht der Einsicht

Ich kann wenigstens ohne Entrüstung den Kritiker anhören, der meint, wenn man die Ziele der Kulturstrebung und die Mittel, deren sie sich bedient, ins Auge faßt, müsse man zu dem Schluß kommen, die ganze Anstrengung sei nicht der Mühe wert, und das Ergebnis könne nur ein Zustand sein, den der einzelne unerträglich finden muß.

*S. Freud**

Der Tod war allgegenwärtig, weil die Númenorer immer noch, wie sie es auch in ihrem alten Königreich getan und es deshalb verloren hatten, nach einem sich niemals ändernden Leben trachteten.

*J. R. R. Tolkien***

* S. Freud, Das Unbehagen in der Kultur, Ges. Werke XIV, Frankfurt am Main 1955, S. 505

** J. R. R. Tolkien, Der Herr der Ringe, Bd. II, Stuttgart 1978, S. 328

Was motiviert einen Süchtigen, sich zu verändern? Die Erfahrungen der Therapeuten verdichten sich dazu, daß es letztlich an der *gegenwärtigen Lust-Unlust-Bilanz* hängt. Eine Aufrechnung der Zukunft gegen die Gegenwart klappt in der Regel nicht. Erst wenn der Süchtige seinen individuellen Tiefpunkt erreicht hat, an dem die Unlust, welche er sich durch seine Sucht bereitet, die Unlust aufwiegt, welche er durch ihre Beendigung fürchten muß, kann er sich wirklich zu einer Therapie entschließen. Das heißt aber noch ganz und gar nicht, daß Rückfälle nicht mehr auftreten werden. Viele Süchtige glauben sogar, daß es beispielsweise nur trockene Alkoholiker, keine »geheilten« Alkoholiker gibt – und sie glauben das mit gutem Grund. Ich halte diese Aussage wie die meisten Allgemeinaussagen über seelische Störungen für widerlegbar, aber für viele Einzelfälle trifft sie sicherlich zu.

Das Tückische an der Sucht-Entstehung ist, daß an ihrem Anfang die Alternative zwischen Lustgewinn und Lustverzicht steht, an ihrem Ende die Alternative zwischen zwei Formen von Schmerz und Unlust. Das Suchtmittel baut seine Herrschaft dadurch auf, daß es einen Gewinn verspricht – den Rausch, die Ekstase, die Betäubung, das Heraustreten aus dem tristen Alltag in eine erfüllte Gegenwart. Es befestigt aber seine Herrschaft nicht durch Lust, sondern durch Schrecken und Angst. Erst wenn die Angst, weiterzumachen, ebenso groß geworden ist wie die Angst, aufzuhören, hat die Therapie eine Chance. Suchtkrankentherapeuten wissen, wie oft diese Alternative nur vorübergehend erlebt wird. Der abgemagerte, von Furunkeln bedeckte und mit Hepatitis infizierte Fixer will aufhören; der nach einigen Wochen Krankenhausbehandlung gutgenährte, wohlgewaschene Patient hingegen denkt oft an nichts anderes mehr als an die Rückkehr in seine ganz persönliche Hölle, die er dem Anpassungsangebot der Therapie vorzieht.

Diese Rückfallneigung zeigt, daß der Süchtige die Hölle nicht wahrnimmt, in die er sich wieder begibt. Sobald die unmittelbaren Nachteile der Schreckensherrschaft des Suchtmittels nicht mehr gegenwärtig sind, treten die wohltätigen Seiten dieser Herrschaft in den Vordergrund. Ich möchte gerne einen Bereich jenseits von Optimismus und Pessimismus erreichen, in dem ungestörte Überlegungen darüber möglich sind, ob die Existenzform des Süchtigen nicht eine innere Folgerichtigkeit hat, die unsere medizinische und juristische Ideologie gerade deshalb so heftig verdammen, weil sie das grundlegende Dilemma der Industriekultur widerspiegelt. Ist es erlaubt, zu vermuten, daß wir keine Chance haben, mit den selbstmörderischen Konsequenzen unseres eigenen Fortschritts fertig zu werden?

Viel spricht dafür, daß die Wurzeln des Raubbaus an der Umwelt in den Produktions- und Verkehrsformen liegen, die der Kapitalismus geschaffen hat. Aber die Erwartungen an den Sozialismus sind in der

Praxis sozialistischer Gesellschaften enttäuscht worden, was *Marx* ja vorausgesehen hat (als er sagte, er würde in einer solchen Gesellschaft nicht leben wollen). Der Kapitalismus braucht die Illusion und auch die Praxis der Alternativen zu ihm, ähnlich wie der Süchtige die Illusion braucht, er könne irgendwann und irgendwie doch noch aufhören. Insofern haben die marxistische Analyse des Kapitalismus und der Aufbau der sozialistischen Gesellschaften im Zeichen des Wettbewerbs mit dem Kapitalismus die Herrschaft einer strukturgewordenen Sucht nur befestigt, die Natur auszubeuten, um kurzfristigen Lustgewinn zu erzielen.

Diese Ausbeutung wurde immer mehr gesteigert, während die ideologischen Entwicklungen darauf hinausliefen, in einer Abfolge von Pseudo-Revolutionen das Ende der Ausbeutung zu versprechen: das Ende der feudalistischen Ausbeutung durch Stand und Privilegien in der bürgerlichen Revolution, die Befreiung aus dem Joch der Kolonialherrschaft in den Revolutionen der Kolonien gegen die Mutterländer, das Ende der Ausbeutung durch die Bourgeoisie in den sozialistischen Revolutionen. Unter dem mitreißenden Klang der revolutionären Hymnen erstickte die Klage der ausgerotteten Tiere, der zerstörten Landschaften, der hingemordeten Primitivkulturen. Unsere bisherigen Revolutionen laufen darauf hinaus, durch immer neue Verteilungen zu verschleiern, daß uns das Verteilte gar nicht gehört.

Versuchen wir, die Erfahrungen aus der Suchttherapie auf die Situation der Ökologiebewegung anzuwenden, dann wird auch deutlich, daß unser Anliegen hoffnungslos ist, zumindest auf kurze Sicht. Appelle an die Einsicht, Informationen über die langfristige Schädlichkeit des Suchtverhaltens, Mahnungen zu Verantwortung und Reflexion müssen versagen. Genauso ist es in der Ökologiebewegung: Die Informationen über Raubbau, Plünderung, Verschmutzung, Übervölkerung bewirken praktisch außerordentlich wenig. Wer als Suchtkrankentherapeut seinem Klienten eine Aufklärungsbroschüre in die Hand drückt oder ihn moralisch unter Druck setzt, würde sich im Kreis seiner Kollegen lächerlich machen. Die analytische Brillanz und das praktische Versagen des Marxismus haben gezeigt, daß die Strukturen des falschen Bewußtseins stärker sind als eine rationalistische Aufklärung. Der Ökologiebewegung droht ein ähnliches Schicksal. Freiwillige Einschränkung des Raubbaus an der Natur von Aufklärung und moralischem Druck zu erwarten ist ähnlich sinnvoll wie solche Maßnahmen bei einem Fixer. Sie dienen eher der Gewissensberuhigung des Mahners als dem Überleben des Ermahnten. Nicht wenige ökologische Autoren (ich selbst nehme mich nicht aus; in meinem Buch »Homo consumens«[7] habe ich genau die Predigt gehalten, an deren Sinn ich heute nicht mehr glauben kann) verhalten sich so naiv.

Die Gefahr dabei ist, daß wir dadurch der Sache nicht nur nicht nützen, sondern ihr sogar schaden. Wir geben uns selbst und denen, die in Wirklichkeit gar nichts verändern wollen, das Gefühl, daß doch etwas getan wird – ähnlich wie das Bundesgesundheitsministerium und die Massenmedien kostenlose Reklame für die Drogenhändler machen, indem sie kostspielige und von Aufklärung sowie moralischem Appell strotzende Informationen über Rauschgift und tödliche Gefahren der Sucht verbreiten. Wir verhalten uns ähnlich wie ein Bundeskanzler, der – weil er sein Gewissen entlasten, scheinbar etwas tun und doch nichts verändern kann – zu einer freiwilligen Richtgeschwindigkeit auf den Autobahnen oder einem freiwilligen fernsehfreien Tag pro Woche aufruft.

Wenn Einsicht und freiwillige Maßnahmen so wenig erwarten lassen, läge es nahe, sich etwas von Zwangsmaßnahmen zu versprechen. Doch abgesehen davon, daß gewählte Regierungen eines Volkes von Süchtigen kaum überleben können, wenn sie eine Entwöhnung dieses Volkes versuchen, haben Zwangsmaßnahmen noch andere Nachteile. In den USA brachte eine Mehrheit puritanischer Interessengruppen ein Gesetz durch, das den Ausschank von Alkohol verbot. Die Folge war keineswegs ein sinkender Alkoholkonsum, sondern ein enormes Ansteigen der illegalen Produktion und das Entstehen von Verbrecherorganisationen, die bis heute das öffentliche Leben in den USA mitbestimmen. Die menschlichen und sozialen Kosten der Prohibition waren höher als der Gewinn. Sie wurde wieder abgeschafft. Eine andere Erwartung richtet sich auf die Sachzwänge in der Entwicklung des Konsumsystems. Die Industriegesellschaften haben sich selbst energiesüchtig gemacht, indem sie zunächst die hohen zukünftigen Kosten verleugnet und sich an dem billigen Lustgewinn der Anfangszeit ergötzt haben. Sie gingen mit sich selbst um wie die Dealer mit einem Kunden, den sie erst anfixen müssen: Er erhält den Stoff zu einem Bruchteil der Kosten, die er später dafür zahlen muß, wenn er gar nicht mehr anders kann, als ihn zu brauchen.

Die höheren Energiekosten werden aber die Raubbauwirtschaft sowenig beenden, wie der Dealer seine Kunden dadurch verliert, daß er höhere Preise fordert. Erst wenn wirklich kein Stoff zu keinem Preis zu haben ist, muß der Süchtige eine Lösung finden. Er wird sie nun aber nicht in einem Verzicht, sondern in einem Wechsel des Suchtmittels suchen, wie die Industriegesellschaften, die Strom aus Atomenergie gewinnen wollen. Damit läßt sich die Fixierung an den anfänglichen Gewinn unter Verleugnung der Folgekosten noch einmal durchspielen.

# 4. Die Chance der Ratten

So sinkt mir der Mut, vor meinen Mitmenschen als Prophet aufzustehen, und ich beuge mich ihrem Vorwurf, daß ich ihnen keinen Trost zu bringen weiß, denn das verlangen sie im Grunde alle, die wildesten Revolutionäre nicht weniger leidenschaftlich als die bravsten Frommgläubigen.

*S. Freud**

Ich bin müde und kummervoll und verängstigt. Aber ich habe noch eine Tat zu tun oder sie zu versuchen, ehe auch ich erschlagen werde... Ich muß den Feurigen Berg suchen und das Ding in den Krater der Schicksalsklüfte werfen. Gandalf hat das gesagt. Ich glaube nicht, daß ich jemals dorthin gelange.

*J.R.R. Tolkien***

* S. Freud, Das Unbehagen in der Kultur, Ges. Werke XIV, Frankfurt am Main 1955, S. 506

** J.R.R. Tolkien, Der Herr der Ringe, Bd. II, Stuttgart 1978, S. 316 u. 333

Es heißt, daß die Ratten zuerst ein sinkendes Schiff verlassen und der Kapitän zuletzt. Das spricht für die Weisheit der Ratten, nicht für den Mut der Kapitäne, die sich meist auch ein eigenes Rettungsboot bereithalten, während die Ratten schwimmen müssen und nur wenig Chancen haben, festes Land zu erreichen. Den Hippies, Alternativen, Aussteigern pflegt man vorzuwerfen, daß sie – ähnlich wie die Ratten – unproduktive Schmarotzer einer funktionierenden Industriegesellschaft sind, daß sie ihre Stereoanlage betreiben und womöglich gar ihr Schrottauto fahren wollen, während sie gegen Atomstrom und Umweltverschmutzung protestieren. Ich möchte das sinkende Schiff verlassen, daher meine Sympathie für die Ratten. – Aber ich will nicht ertrinken, sondern wachsam bleiben und hoffen, daß es möglich ist, aus den Wrackteilen neue Schiffe zu bauen, die nicht so rasch untergehen.

Sicher, auch die Ratten würden am liebsten den Kurs ändern. Aber sie können sich der Mannschaft nicht verständlich machen. Sie sind offensichtlich inkompetent, haben keine Ahnung von den Echoloten, dem Radar und dem Aufbau der Antriebsmaschinen. Sie spüren, daß der Untergang näher kommt. Vielleicht können sie versuchen, eine Rattenarche zu bauen, ein Schiff, das keinen selbstzerstörerischen Kurs steuert. Ihre Chancen sind gering, denn sie haben nur das Baumaterial aus dem bestehenden Schiff, in dem der Untergang bereits einprogrammiert ist. Sie können auch nicht zuviel abzweigen und für sich verwenden, denn sonst würde der Kapitän eine große Rattenjagd veranstalten, wie schon früher auch. Er hätte große Lust dazu, soviel ist gewiß. Das würde die Mannschaft für einige Zeit von ihren düsteren Vorahnungen befreien und ihr einen handfesten Feind liefern, den man bekämpfen kann.

Die ökologische Veränderung der Gesellschaft ist ähnlich aussichtsreich wie die Rückverwandlung eines Dinosauriers in eine Eidechse. Wenn wir glauben, unsere persönlichen, moralischen Entscheidungen seien imstande, den Untergang aufzuhalten oder hinauszuschieben, dann ist das für mich verständlicher und sympathischer als die üblichen Verleugnungen der Industriegesellschaft. Aber es ist auch eine Form der Verleugnung. Die Vernunft ist zu einem Superlativ entwickelt worden, um die Unvernunft zu tarnen: die bürgerliche Aufklärung, die bürgerliche Naturwissenschaft haben den Raubbau ermöglicht und vervollkommnet. Kommunismus und Sozialismus verbergen, daß das ganze System verloren ist und sich nicht durch die bisherigen Formen der Aufhebung des Privateigentums an Produktionsmitteln retten läßt. Die Industriegesellschaft hat den Marxismus verkraftet wie ein Gefängnisdirektor, der in einer Häftlingszeitschrift den Speisezettel oder das Kulturprogramm der Anstalt kritisieren läßt. Gelegentlich wechselt er sogar einen unbeliebten Wärter aus. Die Häftlinge singen dann revolutionäre

Lieder und fühlen sich den anderen Häftlingen, die es länger unter ihren Wärtern aushalten, weit überlegen. Die Industriewelt ist voller solcher vorgeblicher Unterschiede, Konkurrenzen, Fortschritte. Sind jetzt die Russen vorn in der Weltraumfahrt oder die Amerikaner? Sind die japanischen Autos besser oder die deutschen? Sind die schwedischen Plattenspieler besser als die schweizerischen? Ist der Sozialismus in Kuba, in China besser als der in der Sowjetunion oder in Polen? Alles Augenwischerei. Die Ratten im Bauch des Schiffes werden die gelehrten Kommentare und Artikel darüber allenfalls zernagen, um ihre Nester auszupolstern.

# 5. Anpassung und Liebe

Wie der vorsichtige Kaufmann es vermeidet, sein ganzes Kapital an einer Stelle festzulegen, so wird vielleicht auch die Lebensweisheit raten, nicht alle Befriedigung von einer einzigen Strebung zu erwarten.

*S. Freud**

Pickels Gedanke war, mehr und schneller zu mahlen, das sagte er jedenfalls. Er hat noch andere Mühlen wie diese... Doch seit Scharrer kam, mahlen sie überhaupt kein Korn mehr. Da ist immer Gehämmere und aufsteigender Rauch und Gestank, und nicht mal nachts hat man Frieden in Hobbingen. Und sie gießen absichtlich Unrat aus; die ganze untere Wässer haben sie verunreinigt, und die fließt ja in den Brandywein. Wenn sie das Auenland zu einer Wüste machen wollen, dann sind sie auf dem richtigen Weg.

*J.R.R. Tolkien***

* S. Freud, Das Unbehagen in der Kultur, Ges. Werke XIV, Frankfurt am Main 1955, S. 443

** J.R.R. Tolkien, Der Herr der Ringe, Bd. III, Stuttgart 1978, S. 330

Man könnte einwenden, daß auch auf früheren Stufen der Kulturentwicklung, etwa beim Übergang von den halbseßhaften Altpflanzern zu den höherentwickelten Ackerbaugesellschaften, die Menschen lernen mußten, eine Form des Raubbaus (ein Stück Wald roden und auf dem durch die Asche fruchtbaren Boden einige Jahre anbauen, und dann ein neues Stück zu roden usw.) durch sorgfältigere Pflege des Mutterbodens zu ersetzen. Wird die wachsende Bedeutung des Denkens und Sprechens über Ökologie auch schrittweise eine ähnliche Veränderung unserer Umgangsformen mit der Umwelt bewirken?

Ich rechne mit viel größeren Widerständen, weil die Dimensionen heute anders sind, sowohl die des Raubbaus wie vor allem die eines wachsenden Bevölkerungsdruckes und einer parallel dazu immer erbitterter werdenden Konkurrenz um die Energiequellen. Der Altpflanzer war nicht süchtig nach seiner eigenen Lebensform. Sie enthielt mindestens genauso viele Unbequemlichkeiten wie die des seßhaften Bauern. Der Altpflanzer bewegte sich gewissermaßen auf einem falschen Weg in der Ebene, während die Industriegesellschaft einen falschen Weg in vorher undenkbare Höhen der Bequemlichkeit und Naturbeherrschung eingeschlagen hat.

Um zu einem ökologischer denkenden Bauern zu werden, mußte der Altpflanzer nur umlernen, er mußte keinen für sein Selbstgefühl schmerzlichen Weg zurück antreten, hinunter, zu einer Ebene, die er als primitiv verachtete. *»Steinzeit – nein danke«* kleben sich heute die Atomkraftbefürworter auf ihre Autos. Sie wissen natürlich nicht, wovon sie reden. Aber der Vergleich mit dem falschen Weg in die Höhe muß noch ergänzt werden. Die Menschen in diesen Hochkulturen haben verlernt, umzukehren. Sie sind als Individuen und als Teile eines Systems kaum fähig, einen einmal erreichten Fortschritt preiszugeben, eine einmal verwirklichte Bequemlichkeit zu lassen, Kontrolle über die Natur aufzugeben. Ihre Lebensform gleicht der des Haifischs, der ständig voranschwimmen muß, um nicht zu ersticken. Daß einzelne, bedeutungslose Teile des Systems fähig sind, innezuhalten, umzukehren, bescheidener zu werden, darf uns nicht darüber hinwegtäuschen, daß das ganze System sich in einer anderen Richtung bewegt und darin wider das bessere Wissen der Wissenden auch fortfährt. Es ist eine Aufgabe ohne viel Hoffnung, daran etwas zu ändern – ähnlich aussichtsreich wie ein Wettrennen zwischen einem Porsche und einem Fahrrad. Wir können nur warten, bis dem Porsche das Benzin ausgeht.

Als ich letztes Jahr in die Schweiz fuhr, um auf einer Tagung über Umwelterziehung zu sprechen, überlegte ich am Steuer meines kleinen Diesel-Autos, worum es eigentlich geht. Wäre es nicht genauso sinnvoll, einen gefräßigen Straßenkreuzer zu fahren – ja sogar sinnvoller, denn ich würde mehr zum raschen Zusammenbruch der Verschwendung beitragen? Ich hielt an einem Rastplatz bei Sankt Gallen. Die umsichtige Verwaltung hatte hier einen kleinen Trimm-Dich-Pfad für die Autofahrer angelegt. Er schien mir ein Symbol. Umwelterziehung! Was ist das – auf graues Papier schreiben, über die Ursachen der Verschmutzung von Wasser, Erde und Luft lernen, Ökologie pauken, womöglich mit Noten? Im Tagungshaus gab es bereits Unmengen bedrucktes Papier, Lehrmaterial über die verschiedensten Unterrichtseinheiten zur Umwelt. Ich beschloß, den versammelten Lehrern keinen Mut zur Umweltpädagogik zu machen. Was soll ein Fach Ökologie an einer Schule, die als ganze Raubbau lehrt, die ganz und gar vom Leistungsprinzip aufgefressen ist?

Vielleicht der Punkt, wo sich die Ökotherapie eindeutig von der Psychotherapie unterscheidet, ist die Frage nach der Wiederherstellung von Arbeitsfähigkeit. *»Arbeiten und lieben können«,* hat Freud als Ziele der Behandlung genannt. Ich habe oft beobachtet, daß eine Zunahme der Leistungsfähigkeit des Patienten als Therapieerfolg geschätzt wurde. Ich glaube, daß in der gegenwärtigen Situation alles, was der Steigerung der menschlichen Leistungsfähigkeit dient, zumindest fragwürdig ist. Außerdem bezweifle ich, daß sich Leistungs- und Liebesfähigkeit zugleich verbessern lassen. Die eine steht der anderen so lange im Weg, wie Leistung durch Konkurrenz bestimmt wird.

Die Ängste, die bei den meisten Männern und Frauen den Beginn der körperlichen Liebe begleiten, sind ein Beispiel dafür, wie unheilvoll und schwer auszurotten die Folgen der Leistungsdressur im Gefühlsleben sind. Statt sich auf die gegenwärtigen Empfindungen zu konzentrieren und aus ihnen heraus zu handeln, überlegen sich die zivilisierten Liebenden, ob sie alles richtig machen, ob sie in der richtigen Weise küssen, ob sie die richtigen erogenen Zonen richtig erregen, um den Partner zu befriedigen. Die gemeinsame Lust erstickt unter diesen Forderungen und muß als Leistung geheuchelt werden. Das Unbewußte wehrt sich durch Leistungsverweigerung oder den Kompromiß des vorzeitigen Endes: Der Betroffene sucht seine Erregung möglichst schnell hinter sich zu bringen, wie man auch bei anderen Formen der Leistungsprüfung froh ist, wenn sie vorbei sind.

Die typische Vorbereitung auf ein erfolgreiches Leben in der Industriegesellschaft programmiert Unglück und inneres Elend voraus. Die Psychotherapeuten sollten sich hüten, hier durch Verbesserung der Leistungstüchtigkeit mitzuspielen. Aber oft sind sie selber so tüchtig und erfolgreich, daß sie das gar nicht wahrnehmen können. Wie ihre Klienten haben sie gelernt, durch ein hohes Maß an Anpassungsfähigkeit die Liebe anderer Menschen zu gewinnen. Gleichzeitig haben sie verlernt, andere Menschen zu lieben. Im Gegenteil: Hinter der freundlichen, auf den Erwerb von Liebe durch Liebenswürdigkeit abgestellten Fassade lauern unbewußt der Haß, der Neid, die Wut auf eine Außenwelt, die ständig Anpassung und Gefühlsverzicht verlangt. Eben weil er sich so angestrengt hat, um geliebt zu werden und zu gefallen, weil er schon so viele eigene Bedürfnisse dem Streben nach Erfolg geopfert hat, kann der Erfolgreiche der Liebe, die er gewinnt, am Ende nur mißtrauen. *»Ihr liebt mich ja nur, weil ihr mich braucht, weil ich äußerlich erfolgreich bin – ihr liebt nicht* mich!«

Aber wo ist er denn, ohne seinen Erfolg? Die erfolgreiche Fassade macht ihren Träger unglücklich, wenn sie durch Abspaltung und Verleugnung der zyklischen, emotionalen Prozesse aufrechterhalten wird. Die Gefühle anderer werden dann als berechnend empfunden. *»Du liebst mich ja nur, weil ich schön bin... weil du mit mir schlafen willst... weil ich erfolgreich bin und viel Geld verdiene... weil ich mir soviel Prestige erworben habe...«*

Die durch eine solche Abwehr von Weichheit und Hingabe geschaffene Distanz braucht der Erfolgreiche. Nur durch sie kann er die tiefe Abhängigkeit verleugnen, die durch seinen Verzicht auf unangepaßte Gefühle und Wünsche entsteht. Letztlich hat er seinen Schwerpunkt aus sich selbst heraus und in die Anerkennung von außen hinein verlegt. Wenn er seinen Abstand aufgibt, seine Bewunderer nicht mehr um sich kreisen läßt, sondern sich wirklich an sie annähert, fühlt er sich haltlos und von tödlichen Gefahren für sein Selbstgefühl bedroht.

So sitze ich in der Therapiegruppe für Paare und erlebe mit, wie Anpassung verspricht, die Liebe der anderen kontrollierbar zu machen und wie am Ende der Kontrolle Mißtrauen und Haß stehen. Jeder rechnet dem anderen seine Leistungen vor und stellt sie dem Versagen des Partners gegenüber. Jede Anpassung an den anderen, jeder Verzicht auf eigene Wünsche, wird unerbittlich aufgezählt. Endlich gelingt es der Gruppe, ein Stück weit zu klären, daß die Strategie der Vorwürfe nutzlos ist. Es kann nichts Gutes daraus werden, dem Partner immer wieder sein Versagen vorzuhalten. Damit wird die Gefühlsebene vermieden, nach der sich die beiden Streiter letztlich sehnen. Endlich fragen sie mit dem gläubigen Blick des durch Anpassung Erfolgreichen: Wie schaffe ich es jetzt, auf diese Gefühlsebene zu kommen? Was muß ich tun? Ich habe es ja versucht, aber der/die andere haben mich nicht gelassen, sie haben sich über mich lustig gemacht oder mir vorgeworfen...

An dieser Stelle wird die Paradoxie der Psychotherapie faßbar: *Sie will durch Anpassung erreichen, daß Anpassung aufgegeben wird.* Eher indirekt als direkt sage ich meinen Patienten: Ich kann euch nicht helfen, ich habe keine Technik, keinen Rat, keine Lehre. Die Lösung, die ihr sucht, gibt es nicht – es gibt keine Möglichkeit, technisch und durch Anpassung den richtigen Liebespartner, die richtige Lebensform zu finden.

*»Jetzt habe ich es mal versucht, weil ihr hier mir immer sagt, ich sei so zurückhaltend und aggressionsgehemmt. Ich habe der Marion die Meinung gesagt und bin ganz laut geworden, als sie mir sagte, sie will erst eine Woche später in den Urlaub fahren, auf den ich mich schon so sehr gefreut habe. Aber es hat mir gar nichts gebracht. Sie hat nur gesagt, so läßt sie nicht mit sich reden, und ist aus dem Zimmer gegangen, und hat allein bei dem Kind schlafen wollen.«*

Wer gelernt hat, durch Anpassung, die Anwendung von Techniken und die Aufrechterhaltung von Kontrolle Liebe zu erwerben, kann nicht verstehen, daß der Ausdruck seiner Gefühle für sich allein wertvoll ist, ohne Rücksicht auf seine Verwertbarkeit.

Ich glaube, daß die Neigung, den Ausdruck des eigenen, inneren Lebens zurückzustellen, um äußeren Erfolg zu erreichen, mitverantwortlich ist für den Raubbau an unserer Umwelt. Die Vorherrschaft von Kontrolle und Leistung über den Ausdruck der gegenwärtigen Gefühle führt auch dazu, daß die unkontrollierbaren Ausdruckswerte der Natur (einer Landschaft, einer Vegetation) geringgeschätzt werden. Es ist uns noch nicht klargeworden, daß wir ein Teil der Natur und nicht ihre Tyrannen sind. Wir können lebendige Systeme nur dann steuern, wenn wir sie als Ganze lieben, d. h. erleben, daß wir ein Teil von ihnen sind. Alles andere wird sich nach kurzem Gewinn rächen und keinen ausgeglichenen Zustand schaffen können.

Gesellschaften, die Begriffe wie Seßhaftigkeit, Eigentum an Grund und Boden, Vorratswirtschaft nicht kennen, müssen auch nur sehr wenige spontane Gefühlsreaktionen abspalten und verdrängen. Konflikte lassen sich z. B. dadurch lösen, daß sich die Gegner räumlich trennen und sich einer anderen Gruppe anschließen, in der sie ebenfalls Freunde oder Verwandte haben. So ist die vorherrschende Umgang mit Streit bei den Jägerkulturen, die noch (vor ihrer Ausrottung durch die Ackerbau- und Industriekulturen) untersucht werden konnten, die äußere Trennung, nicht die verinnerlichte Kontrolle der aggressiven Gefühle.

Es gibt zwei grundsätzlich verschiedene Auffassungen über die Bedeutung der durch Kontrolle und Manipulation der Natur erreichten Macht des Menschen über sich selbst und seine Umwelt. Die eine besagt, daß die Technik ein wertneutrales Instrument ist. Ihre Bedeutung hängt von den Zielen ab, denen man sie unterstellt. Der Schmied am Amboß kann frei wählen, ob er eine Pflugschar oder ein Schwert machen will; die Führungsspitze des Industriekonzerns kann sich frei entscheiden, ob sie ein Waffensystem oder ein Röntgengerät produziert. Eine andere Auffassung besagt, daß jede Form von Technik ihre spezifische, kontrollierte, lineare, maschinenmäßige Umgangsform mit der Natur auf den Menschen überträgt. In einer oft zitierten Fabel lehnt es der chinesische Weise ab, eine Pumpe zu benutzen, um seinen Garten zu bewässern: Durch die Anwendung der Maschine würde auch sein Herz maschinenmäßig werden. Lieber schleppt er im Schweiß seines Angesichtes Eimer nach Eimer.

Vor einigen Jahren war ich im Haushalt eines traditionellen Indianers in Hotevilla zu Gast. Er gehört zu jenen *Hopi*, die es ablehnen, an eine öffentliche Versorgung mit Wasser und Elektrizität angeschlossen zu werden. Diese Verweigerung wird von den meisten zivilisierten Weißen als abergläubischer Unfug abgetan. Das wird sich vermutlich ändern, wenn sich erst mehr Menschen Gedanken über das Wasser machen müssen, das sie aus dem Hahn laufen lassen, das in ihre Swimmingpools fließt, ihren Rasen bewässert oder ihre Fäkalien geruchlos wegspült. Die umweltbewußten Weißen glauben, daß eine neue Einstellung durch Denken allein gewonnen werden kann. Aber das ist nur einer privilegierten Minderheit möglich. Für eine ganze Gesellschaft läßt sich ein neues Bewußtsein nur durch Handeln schaffen. Wer jeden Liter Wasser von einem entfernten Brunnen holen und in seine Wohnung tragen muß, wie es heute noch bei den traditionellen Hopi der Fall ist, gewinnt ein anderes Verhältnis zur Verschwendung dieses kostbaren Rohstoffs. Es hängt nicht von seinem guten Willen und seinen umweltbewußten Vorsätzen ab, ob er viel Wasser verbraucht oder wenig. Er muß einfach ein fühlbares Verhältnis herstellen zwischen seiner körperlichen Arbeit (oder der Bereitschaft eines Mitmenschen, für ihn Wasser zu holen) und seiner Verschwendung von Wasser. Das menschliche Denken ist von unseren Trieben bestimmt. Es wird eine einmal erreichte Bequemlichkeit nicht aufgeben wollen, auch wenn sie unserem Überleben auf lange Sicht schadet. Unser körperliches Handeln hingegen ist von der Realität bestimmt, wenn nicht, wird es bald von ihr belehrt.

Der chinesische Weise, der die erdachte Bequemlichkeit der Maschine ablehnt, weil er um sein Herz fürchtet, hat auch auf einer ganz realen Ebene recht: Wenn er die Pumpe für sich arbeiten läßt, die körperliche Tätigkeit gewissermaßen abspaltet und nach außen verlegt, wird auch das Risiko steigen, daß er selbst herzkrank wird. Der Europäer, der mit dem Auto zur Arbeit fährt und ein Trimm-Fahrrad im Keller benützt, um den Kreislauf fit zu halten, ist das Gegenstück zu dem chinesischen Gärtner. Er hat die körperliche Leistung zu etwas gemacht, was er sich aus Angst um sein Herz maschinenmäßig abquälen muß, und sieht in den arbeitssparenden Maschinen, die er und seine Frau benutzen, ein Symbol für das hohe Niveau seiner Kultur.

# 6. Ersatzbefriedigungen

Das Leben, wie es uns auferlegt ist, ist zu schwer für uns, es bringt uns zuviel Schmerzen, Enttäuschungen, unlösbare Aufgaben. Um es zu ertragen, können wir Linderungsmittel nicht entbehren. (Es geht nicht ohne Hilfskonstruktionen, hat uns Theodor Fontane gesagt.) Solcher Mittel gibt es vielleicht dreierlei: mächtige Ablenkungen, die uns unser Elend gering schätzen lassen, Ersatzbefriedigungen, die es verringern, Rauschstoffe, die uns für dasselbe unempfindlich machen.

*S. Freud**

»Ah! Der Ring!« sagte Boromir, und seine Augen leuchteten. »Der Ring! Ist es nicht ein seltsames Geschick, daß wir soviel Angst und Zweifel erdulden wegen eines so kleinen Dinges? So ein kleines Ding! Und ich habe ihn nur einen Augenblick in Elronds Haus gesehen. Könnte ich nicht noch einmal einen Blick darauf werfen?«

*J. R. R. Tolkien***

* S. Freud, Das Unbehagen in der Kultur, Ges. Werke XIV, Frankfurt am Main 1955, S. 432

** J. R. R. Tolkien, Der Herr der Ringe, Bd. I, Stuttgart 1978, S. 479

Die bürgerliche Gesellschaft ist, anders als die feudale Ordnung vor ihr, von freien und beweglichen Individuen bestimmt. Die sozialen, religiösen oder moralischen Vorschriften müssen zweckmäßig sein und sich der Konkurrenz um Profite unterordnen. Diese Individuen sind die einzigen Revolutionäre, welche die Geschichte kennt. Sie müssen dauernd neue Bereiche erschließen und haben keine Möglichkeit, wirklich ihren Erfolg zu genießen. Ihre Genußfähigkeit ist eingeschränkt, weil die Form ihrer Beziehungen untereinander keine Rückkehr in Ruhe, Traum, in gemeinsame Ekstasen, in kindliches Sich-gehen-Lassen zuläßt. Deshalb sind auch die einzigen Darstellungen bürgerlicher Familien, die wirklich überzeugen können, Darstellungen eines unausweichlichen Verfalls und Niedergangs. Die Kinder können nicht einsehen, was so anziehend an dem erfolgreichen Weg der Eltern ist. Sie werden im besten Fall schlechte Nachahmer, in vielen Fällen protestieren sie hilflos gegen ihre Vorbilder. Der *Ödipus-Komplex*, in dem es auch darum geht, daß ein Vater seinen Sohn mit durchbohrten Füßen in der Wildnis aussetzen läßt, ist das Symbol dieser Kindheit. Da die bürgerliche Erziehung sehr viel höhere Anforderungen an Selbständigkeit, Intelligenz, Beherrschung von Kulturtechniken, Durchsetzungsfähigkeit stellt als das Hineinwachsen in eine stabile, über Jahrhunderte hin unveränderte Gesellschaft, mehren sich auch die Zahlen der Versager, der »Nervösen« und der »Geisteskranken«, die von einer wachsenden Berufsgruppe behandelt und möglichst wieder eingegliedert werden sollen.

Die bürgerliche Gesellschaft funktioniert, weil sie Ersatzbefriedigungen in einem früher unmöglichen Maß entdecken und anbieten konnte, parallel zu der ihr zugrunde liegenden, unerbittlichen Überforderung der einzelnen. Diese Ersatzbefriedigungen sind es, welche sie so mächtig machten, daß beispielsweise die Angehörigen der unterworfenen Primitivkulturen erst zu spät sahen, daß sie Wertvolles für Schund hingegeben hatten – Freiheit für Alkohol, Land für Glasperlen, die Fähigkeit, im Dschungel oder auf der Prärie mit einfachen Waffen zu überleben, für Mehlrationen und den gelegentlichen Jagdausflug mit einer Flinte. Die spätkapitalistische Konsumgesellschaft ist die raffinierte Steigerung von Ersatzbefriedigungen, welche bereits die frühkapitalistischen Arbeit»geber« und Kolonisatoren anboten. Sie verspricht ein umfassendes Netz von Befriedigungen, in dessen Maschen sich jeder verstricken muß.

Ersatzbefriedigungen werden gewählt, wenn natürliche Bedürfnisse verdrängt sind. Im Kontakt verschiedener Kulturen werden häufig Ersatzbefriedigungen einer Kultur von den Angehörigen einer anderen Kultur nicht abgewiesen, obwohl die zugrunde liegenden Verdrängungen noch gar nicht bestehen. Der Indianer, der sich von Alkohol und Weißbrot verführen läßt, kennt durchaus die grundlegenden Befriedigungen, die ihm sein Leben im Einklang mit der Natur gewährt. Aber er ist neugierig auf die Angebote des Weißen. Diese Neugier, die für den Menschen so nützlich ist, wenn er sich mit der Natur auseinanderstzt, wird gefährlich, wenn sie sich auf Teilstücke eines unverstandenen kulturellen Zusammenhangs richtet. Vielleicht scheint es eine Generation lang sogar noch möglich, die trügerischen Segnungen der Zivilisation zu haben und die Stammestradition nicht zu verlieren. Aber das hat sich fast immer als Illusion erwiesen. Der Jäger, der den Bogen weglegt und die Flinte annimmt, muß für Munition und Reparatur Geld ausgeben, das er durch einen Überschuß an Beute verdienen will. Wenn das seine Stammesbrüder auch tun, wird das Wild knapp und scheu. Es läßt sich nur mehr mit der weittragenden Waffe erbeuten. – Der freie Jäger ist abhängig geworden, auf dem besten Weg zu einem Arbeitssklaven des Händlers.

Vielleicht ist es für das Inventar der Rattenarche sinnvoll, die Ersatzbefriedigungen etwas genauer anzuschauen, welche uns die entwickelte Konsumgesellschaft gewährt.

*Große weite Welt.* Die Bewegung im Raum ist heute für die Psychoanalytiker zum Symbol des Narzißmus geworden – zum Signal für eine Sehnsucht nach Geborgenheit, die der Rückkehr in den Mutterschoß entspräche. Das Hingleiten durch die Luft (Fliegen, Drachensegeln), auf dem Wasser (Segeln, Windsurfing, Kajakfahren) und auf dem Land (Auto, Ski, Motorrad) macht Geborgenheits-Ersatz zur Ware. Nur unterwegs sind wir daheim. Um den Menschen in den Industriegesellschaften solche schnelle Bewegung im Raum zu ermöglichen, werden ungeheure Mengen an Rohstoffen und Arbeitskraft eingesetzt – Auto- und Flugzeugindustrie, Verkehrssysteme, Tourismus, Sportartikel und ihre Infrastrukturen. Jedes Jahr sterben in den Industriegesellschaften einige hunderttausend Menschen an den Unfällen, die sich vor allem deshalb ereignen, weil die schnelle Fortbewegung heute fast der einzige Bereich geworden ist, in dem die Konkurrenz freier, beweglicher Individuen – d.h. das bürgerliche Urprinzip – noch unmittelbaren, emotionalen Ausdruck findet. Im Start an der Ampel und im Überholen wird noch faßbar, was im Aufbau einer Beamtenkarriere oder im Anstreben einer Managementposition fast immer zugunsten des Fernziels unterdrückt werden muß: überlegen zu sein, koste es, was es wolle. Wir sind mobilitätssüchtig und sehen nicht, daß der Nutzen die Kosten nicht aufwiegt. Jedes Jahr muß einer von 300 Autofahrern mit einer Verletzung rechnen, einer von 3000 mit dem Tod. Von 1000 Motorradfahrern verunglücken gar mehr als 200. Die Mobilität erlaubt uns, unsere Umwelt in weiten Bereichen zu vernachlässigen und zu zerstören, weil es ja andere, heile Bereiche gibt, in die wir fliehen können. Was dabei vergessen wird, ist die Unfähigkeit des Menschen, schnell heimisch zu werden. Die Naturschönheiten, welche die Prospekte der Tourismusindustrie füllen, sind ein typisches Beispiel für Ersatzbefriedigungen, für den erbärmlichen Trost, den der Traum vom Korallenstrand in einer aus Fertigbetonteilen erstellten Trabantenstadt gewährt. Auf diese Weise sind die Menschen nirgendwo daheim – weder dort, wo sie arbeiten, noch dort, wo sie sich erholen wollen und zum Jagdopfer der Tourismusindustrie werden. Ich finde das Gedankenexperiment lohnend: Was wäre, wenn wir uns nur mehr mit ungefährlichen Mitteln (zu Fuß und allenfalls mit dem Fahrrad) fortbewegen könnten? Entsetzen? Keine Fahrt ins Grüne mehr? Keine kleinen (und großen) Fluchten? Aber auch der heilsame Zwang, das Naheliegende zu genießen, seine Neugier ausdauernd auf ein Stück Natur zu richten, das dann wirklich mit allen Sinnen erfaßt, verstanden (und verteidigt) werden könnte. Die Mobilität macht unser Verhältnis zur Umwelt abstrakt. Es gibt keine notwendige, körperliche Beziehung zu ihr mehr, sondern eine Phantasiebeziehung, einen Traum, der schön ist und geträumt wird, solange das mobile Individuum unterwegs ist, den aber jede Ankunft zerstört. Dazu passen jene Liebesbeziehungen, zu deren Bedingungen es gehört, daß die Beteiligten weite Strecken überwinden müssen, um sich körperlich zu begegnen: Auch hier kann viel dem Traum, der idealisierenden Phantasie überlassen bleiben.

*Schönheit in Aspik.* Das Leben in der Konsumgesellschaft ist voller leicht erwerblicher, weitgehend kontrollierbarer, verfestigter Schönheiten – Konserven für Bilder, für Landschaften, für den Ausdruck von Bewegung und Leidenschaft, für Musik, für Gedanken. Unsere Sinne und unser prüfendes Nachdenken werden geschult, zu vergleichen: die Schönheit unserer Geliebten mit der Schönheit in den Illustrierten oder auf dem Bildschirm, die Vollkommenheit der Langspielplatten mit unserem Musizieren, den Gefühlsausdruck auf der imaginären Bühne mit den eigenen Möglichkeiten. Die Realität ist ein mieser Abklatsch dessen, was wir in den Konserven viel besser und billiger haben können. Wir haben uns selbst aus dem Augenblick, aus dem Hier und Jetzt vertrieben, auf der Suche nach Unsterblichkeit, wie unsere Ahnen aus dem Paradies. Das Streben des Künstlers, daß etwas von ihm bleibt, ist ein Mißtrauensantrag an das Leben. Ihn mag der Prozeß des Schaffens noch entschädigen. Die Konserve, die er vermarktet oder die für ihn vermarktet wird, stumpft ab für die schöpferischen Veränderungen, die nur in der Realität möglich sind. Die angeblich verbesserte, breitere Zugangsmöglichkeit zu kulturellen Werten in den Schönheitskonserven ist trügerisch. Das Gefälle zwischen der produzierten Vollkommenheit und den realen Ausdrucksmöglichkeiten der Konsumenten wird immer größer. Zerstörerische Ideale und Waren haben gemeinsam, daß sie von der Anpassung an einen Wettbewerb bestimmt sind, in dem es darum geht, andere zu schädigen, indem man sie im Erfüllen des Ideals übertrifft. Schönheit muß immer perfekter konserviert werden, immer angenehmer alle Sinne betäuben. Wer eine Stereoanlage besitzt, kann mühelos vollkommene Musik »machen«. Der Gegensatz zwischen Bedürfnisbefriedigung und Ersatzbefriedigung wird durch die Konkurrenz zwischen besseren und weniger guten Ersatzbefriedigungen vertuscht. Wer unbefriedigt bleibt, weil seine eigene Kreativität verkümmert, kann auf ein anderes Programm schalten, eine andere Platte auflegen.

*Gute Besserung.* Viele Leiden, die mit hohen Kosten medikamentös behandelt werden, zeigen eine augenblickliche Störung des Gleichgewichts zwischen den linearen Idealen (z. B. Leistung, Kontrolle, Bewältigung bürokratischer Sachverhalte) und den zyklischen Lebensprozessen (Einatmen – Ausatmen, Schlafen – Wachen, Aktivität – Ruhe, Nähe – Distanz) an. Behandlung ist überflüssig. Die Krankheit selbst stellt einen Versuch dar, den Betroffenen in die zyklischen Vorgänge des eigenen Organismus zurückzuholen, von denen er sich entfernt hat. Unterdrückt der Arzt solche Beschwerden, macht er oft einen solchen Selbstheilungsversuch unmöglich. Tatsächlich ist von vielen chronischen Krankheiten (z. B. Asthma bronchiale, Rheuma, Ekzem) bekannt, daß die Symptome immer hartnäckiger werden, je »bessere« Medikamente (heute vor allem Cortisonpräparate) dagegen entwickelt wurden. Ich bin überzeugt, daß drei Viertel aller verschriebenen Medikamente und verordneten Untersuchungsmaßnahmen nur den Ärzten nützen und den Patienten eher schaden. Man wird einwenden, es sei ungeheuerlich, so etwas ohne Beweise[8] zu behaupten. – Tatsächlich wäre es aber eher die Aufgabe der Mediziner, nachzuweisen, wieviel an ihren Handlungen therapeutisch erfolgreich ist. Der Druck des Ersatzbefriedigungssystems in der Medizin ist freilich sehr mächtig. Wer zum Doktor geht, will etwas haben – eine Krankheit, eine Diagnose und ein Mittel dafür. Ich kenne nur eine Ärztin, die vielen ihrer Patienten sagt: *»Da machen wir jetzt nichts, da müssen Sie auch nichts einnehmen, trinken Sie viel Tee oder Saft, und warten Sie ein paar Tage ...«* Ein anderes, noch weit düstereres Kapitel sind die Krankenhausbehandlungen, in denen es mit immer wachsendem Einsatz von Technik gelingt, Menschen immer länger in einem Stadium qualvollen Siechtums zu kontrollieren. Diese Art Lebensverlängerung dokumentiert die bürgerliche Hochschätzung der individuellen Beweglichkeit in einer aberwitzigen Karikatur. Die Betroffenen sind längst unfähig, sich aus eigener Kraft zu bewegen und sich lebendig zu fühlen. Aber weil es keine gefühlsbestimmte Entscheidung über das Leben mehr gibt, wird es als sinnlose Linie mechanisch von Tag zu Tag verlängert. Ich glaube nicht, daß die medizinische Lebensverlängerung die Würdelosigkeit des Todes aufwiegen kann, die sie geschaffen hat. In der Medizin wird das Leben zu einem rational definierten und technisch aufrechterhaltenen Wert gemacht, das heißt: seiner Verbindungen mit dem Gefühl, mit dem Dunkel, mit dem übrigen menschlichen, tierischen, pflanzlichen Leben beraubt.

Der Sinn einer Analyse von Ersatzbefriedigungen liegt darin, daß er den Weg zu den wirklichen Befriedigungen freilegt. Das klingt einfacher, als es ist. Es gehört zum Wesen der Ersatzbefriedigungen, daß sie zunächst einmal als Ergänzung und Bereicherung des Lebens die Bühne betreten. Später schaffen sie wie der Kuckuck die legitimeren Geschwister beiseite und reißen alle Energie an sich. Wie die Vogeleltern sagt sich dann unser bewußtes Ich: Bevor ich gar nicht mehr weiß, was ich zu meiner Befriedigung tun kann, füttere ich den Kuckuck groß – vielleicht wird er doch noch ein Rotkehlchen. Verzicht auf Ersatzbefriedigungen führt zunächst einmal zu einer schwer erträglichen inneren Leere. Der lange nicht mehr empfundene Mangel wird bewußt, ohne daß Möglichkeiten greifbar scheinen, ihn zu beseitigen. Oft machen sich sogar Selbstanklagen breit, beispielsweise wenn die Ersatzbefriedigung der Leistungskonkurrenz und des Karrierestrebens preisgegeben wird – ist es nicht vielleicht doch falsch, Chancen zu verpassen, andere vorbeiziehen zu lassen, die doch gewiß nicht besser sind? Obwohl es äußerst zeitraubend und lästig ist, die üblichen Konsumfetische (als da sind Autos, Stereoanlagen, Küchenzeilen, chice Kleider, Farbfernseher, französische Küche usw.) zu verehren, entlasten sie uns doch von vielen inneren Schwierigkeiten, die dann auftreten, wenn wir auf sie verzichten. Unsere Zeit zieht sich auf einmal endlos hin, wir haben keine Lust zu der Muße oder gar zu der Kreativität, die uns eben noch so anziehend schienen.

# 7. Psychotherapie als Ersatzbefriedigung

Da die Kultur einem inneren erotischen Antrieb gehorcht, der sie die Menschen zu einer innig verbundenen Masse vereinigen heißt, kann sie dies Ziel nur auf dem Weg einer immer wachsenden Verstärkung des Schuldgefühls erreichen.

*S. Freud**

Ein großer Mann ist es, und ein Heiler; und es kommt mir seltsam vor, daß die heilende Hand auch das Schwert führen soll. So ist es heute nicht in Gondor, obwohl es einst so war, wenn die alten Erzählungen die Wahrheit berichten. Aber seit langer Zeit haben wir Heiler uns nur bemüht, die Schmisse zu flicken, die die Männer des Schwertes geschlagen hatten. Obwohl wir immer genug zu tun haben ohne sie: in der Welt gibt es genug Wunden und Leid ohne Kriege, die sie vervielfältigen.

*J.R.R. Tolkien***

* S. Freud, Das Unbehagen in der Kultur, Ges. Werke XIV, Frankfurt am Main 1955, S. 492

** J.R.R. Tolkien, Der Herr der Ringe, Bd. III, Stuttgart 1978, S. 266

In Mitteleuropa ist die natürliche Vegetation der Wald. Solange unsere Vorfahren jagten und sammelten, war dieser Wald ihre Mutter, die ihnen gab, was sie brauchten. Es war ein Leben, in dem es äußere Härten gab, die uns sicher unerträglich wären. Es fehlten jedoch die inneren Härten: Herrschaft, Besitzunterschiede, geprügelte Kinder, Sklaven. Sauberkeit, Sparsamkeit, Bedürfnisaufschub waren überflüssige Tugenden. Sobald der Ackerbau sich durchsetzte, entstand eine erste Überforderung. Die agrarische Gesellschaft rodete Lichtungen in den Wald. Die bestellten Felder waren die freundliche Natur, der Wald die böse, aus dem wilde Tiere in die Felder einbrachen, und in dem wohl noch lange Zeit wilde Menschen lebten, Hexen und Zauberer, Elben und Feien, die mit Tierstimmen reden und sich nach Belieben unsichtbar machen konnten. Um die Kinder zu guten Bauern zu machen, mußte man sie schlagen, denn sonst hatten sie wenig Lust, ihre Arbeit so zu tun, wie sie eben getan werden mußte. Man konnte mit den Vorräten, die durch den Ackerbau möglich waren, so große Gruppen ernähren, daß die Ackerbaugesellschaften in jedem Krieg mit den Jägern und Sammlern siegten, deren Faulheit und Magie ihnen ohnedies ein Dorn im Auge war. Bald gab es Hörige und große Herren, die Land im Kampf erwarben und es an ihre Dienstmannen weitergaben.

Diese Herren nun hielten viel auf ein Vergnügen, das früher zum Alltag aller gehörte. Sie jagten in den Wäldern, die inzwischen immer kleiner geworden waren. Später ging die Macht weitgehend auf die Menschen in den Städten über, die den Ernst des Lebens darin sahen, daß jedes Ding seinen Preis hat. Als diese Städte immer größer wurden, fingen die Menschen in ihnen an zu träumen: von fernen Inseln mit Palmen und Fruchtbäumen, wo sie inmitten der Natur ein Leben ohne Geld und Gewinn führen wollten, von im Urwald ausgesetzten Kindern, die mit Wölfen oder Affen zu Königen des Dschungels heranwuchsen. Und sie holten sich diese Natur in ihre Städte – in bemalten Schaukästen waren die ausgerotteten Tiere, Löwe und Bär, Wolf und Hirsch zu sehen. In künstlich verkleinerten Landschaften, die den Käfig verleugneten, sah man lebendige Elefanten und Nashörner.

Freilich kosteten auch diese Museen und die zoologischen Gärten Eintritt. Für sein Geld erhielt der Bürger keinen materiellen Gegenwert, sondern ein Stück Traum, die Rückkehr in eine verlorene Welt. Vor allem für die Kinder war das ein wichtiges Vergnügen, um sie für ihre harte Arbeit zu entschädigen, für den ihnen auferlegten Zwang, Dinge zu lernen, die noch keinen erkennbaren Sinn für ihr Leben hatten.

Aber die Erholung vom Fortschritts- und Leistungszwang, welche die Träume vom freien Leben in der Natur, von den palmengesäumten Stränden gewähren mochten, reichten nicht aus. Die Menschen wurden *immer unglücklicher*. Die Ursache konnten sie nicht in ihrem Fortschritt sehen – der war das beste an ihnen. So glaubten sie jedenfalls, und so machten es ihnen ihre Märchenerzähler, die sich sinnigerweise »Naturwissenschaftler« nannten, in unermüdlichen Wiederholungen weis. So suchten sie die Ursache in ihren »Nerven«, in jenem Denk- und Wahrnehmungsapparat, der in einen guten, kontrollierbaren und in einen schlechten, unkontrollierbaren und unvernünftigen Teil aufgeteilt worden war, seit es Städte gab und einen einzigen, guten Gott, der schon vor langer Zeit den Teufel aus dem Himmel geworfen hatte.

Jemand muß ein großer Herr sein, um sich eine eigene Jagd in einem großen, wohl von Wildhütern bewachten wilden Wald zu leisten. Jemand muß viel Geld haben, um wilde Tiere in seinen »Freigehegen« zu halten und sie den Neugierigen zu zeigen. Aber ein junger Arzt, der weder Kapital noch Feudalbesitz hatte, entdeckte eine neue Wildnis und eine neue Jagd: die innere Wildnis des nervösen Bürgers, die in seinen Nacht- und Tagträumen deutlich wird. Freilich kostete auch der Eintritt in diese innere Unterwelt Geld. Wer sich nicht in diesen Katakomben und Höhlen verirren wollte, mußte sich einen Führer mieten, der behauptete, den Weg zu kennen.

Weil in der Welt der Städte alles, was Geld kostete, auch einen vernünftigen Zweck haben mußte (man war dort ja auch überzeugt, daß Soldaten und Mordmaschinen, die besonders viel Geld kosten, auch besonders vernünftige und wichtige Erwerbungen sind), wurde die Besichtigung der inneren zoologischen Gärten als Heilung von Nervenleiden ausgegeben. In der unübersichtlichen, rasche Entscheidungen fordernden Welt der Städte waren die Nerven offensichtlich der schwächste Teil der Menschen. Sie weigerten sich immer öfter, so geordnet und kontrolliert zu arbeiten, wie es natürlich gewesen wäre (nach dem Verständnis der Naturwissenschaftler). Da das Leben immer besser geworden war, die Naturbeherrschung immer perfekter, konnte man sich das nur dadurch erklären, daß eben die Nerven schlechter geworden, degeneriert waren.

Eines blieb unklar und war immer ein Gegenstand des Mißtrauens gegen die Führungen in die innere Wildnis. Dienten sie wirklich dem Interesse der Geführten? Oder waren diese eher Opfer ihrer Führer, die es genossen, immer wieder aus den flachen Geldgeschäften des Alltags in die Tiefen zu wandern, in denen noch Sphinx und Drache, Nixe und Ritter, Riesen und Zwerge lebten? Sie versprachen, das Unvernünftige, Chaotische zu analysieren, es trockenzulegen und verwertbar zu machen. Sie schmückten sich mit Emblemen der Naturwissenschaft, mit Fachzeitschriften und einer schwer verständlichen Kunstsprache. Aber es blieb verwirrend, daß sie ihr rationales Interesse auf das Irrationale richteten, daß sie mit den zweckmäßigen Instrumenten der Wissenschaft so zweckwidrige Dinge untersuchten wie die sexuelle Begierde, die das Kind an Vater und Mutter bindet, daß sie ihre erotischen Bedürfnisse nicht hinter dem Schutz verschlossener Türen mit diskreten Damen austobten, sondern Aufsätze über die herrschende Sexualmoral und die moderne Nervosität schrieben.

# 8. Im Innern des Giganten

Es scheint also, daß zahlreiche Analytiker es erlernen, Abwehrmechanismen anzuwenden, die ihnen gestatten, Folgerungen und Forderungen der Analyse von der eigenen Person abzulenken, wahrscheinlich indem sie sie gegen andere richten, so daß sie selbst bleiben, wie sie sind, und sich dem kritisierenden und korrigierenden Einfluß der Analyse entziehen können. Es mag sein, daß dieser Vorgang dem Dichter recht gibt, der uns mahnt, wenn einem Menschen Macht verliehen wird, falle es ihm schwer, sie nicht zu mißbrauchen.

*S. Freud**

Wenn die Macht wächst, werden ihre erprobten Freunde auch wachsen. Und die Weisen wie du und ich werden mit Geduld schließlich so weit kommen, daß wir ihr Verhalten lenken, sie kontrollieren. Wir können den rechten Augenblick abwarten, wir können unsere Gedanken in unseren Herzen verschließen, vielleicht das Böse, das nebenher angerichtet wird, beklagen, doch das hohe und letzte Ziel billigen: Wissen, Herrschaft, Ordnung; alle diese Dinge, die zu erreichen wir uns bisher vergeblich bemüht haben, eher gehindert als unterstützt durch unsere schwachen und untätigen Freunde.

*J. R. R. Tolkien***

* S. Freud, Die endliche und die unendliche Analyse, Ges. Werke XVI, Frankfurt am Main 1955, S. 95

** J. R. R. Tolkien, Der Herr der Ringe, Bd. I, Stuttgart 1978, S. 315

Die gegenwärtigen Industriegesellschaften gleichen gepanzerten Giganten, die alles zerstampfen, indem sie es »verwerten«. Alle Anzeichen eines Zusammenbruchs dieser aus winzigen Bausteinen gebildeten Riesen sind so bedrohlich, daß jedes kleine Versagen sofort zu Gegenmaßnahmen führt. Was rational kontrollierbar scheint, wird dabei durch einen immer besser entwickelten Rechts- und Polizeiapparat überwacht, was unkontrollierbar scheint, dem Gesundheitswesen, den Ärzten und neuerdings den Psychologen übergeben.

Dieses Problem hat zwei Seiten: die eine, deutlichere ist das *abweichende Verhalten*, das mit Etiketten versehen und unter Kontrolle gebracht werden muß: zurechnungsfähig (Staatsanwalt) – unzurechnungsfähig (Psychiater), heilbar – (Psychotherapie) – unheilbar (Anstalt, Medikamente). Die andere Seite sind die *»Professionellen«*, d.h. die mit dem Nimbus des Wissens und der Verantwortung glaubwürdig ausgerüsteten und motivierten Mitglieder der Gesellschaft, die sich bereit finden, solche Etiketten zu verteilen und die mit ihnen verknüpften Aufgaben in der Kontrolle abweichenden Verhaltens wahrzunehmen.

Die klassischen drei Professionen – Arzt, Geistlicher, Jurist – werden dadurch motiviert, daß sie glauben, nicht der inneren Kontrolle eines verheerenden Giganten zu dienen, sondern Werte zu erfüllen, die weit über solche Zwecke hinausgehen: *das Göttliche, die Gesundheit, das Recht.* Gleichzeitig bieten sie Dienstleistungen an. Die kapitalistische Gesellschaft definiert ihre wirtschaftliche Basis in dieser Weise. Das prägt den Dienstleistungen die Merkmale der Ware auf. Sie müssen abgegrenzt und kontrollierbar sein. Im Idealfall sollen sie mit anderen Waren auf einem ›freien‹ Markt konkurrieren. Die Träger der Professionen sind gehalten, sich dem Markt anzupassen. Ihr soziales Prestige und ihre Möglichkeiten zum Gelderwerb hängen damit zusammen.

Wo das auffällt, leidet der Nimbus des Professionellen Schaden. Der Pfarrer, welcher sich seiner Gemeinde »verkaufen« und seinen Beistand in Taufe, Eheschließung und Begräbnis anpreisen muß (wovor ihn in Europa die Staatskirche schützt, was in den USA aber bereits gang und gäbe ist), ist nicht mehr nur uneigennütziger Diener Gottes. Der gewinnsüchtige Arzt, der überflüssige Medikamente verschreibt, ohne Not operiert oder seine Patienten süchtig macht, ist eine vielbeschriebene Gestalt. Von den Juristen, der weltlichsten Gruppe, erwartet man meist schon gar nicht mehr, daß sie wirklich dem Recht verpflichtet sind. Eher denkt sich der Durchschnittsmensch, daß sie eben besonders gut verstehen, durch die Maschen der Gesetze zu schlüpfen bzw. den besser zahlenden Kapitalisten dabei zu beraten.

Doch sind die Belohnungen des Professionellen keineswegs nur materieller Art. Wesentlicher ist der narzißtische Gewinn, den er – ungleich den meisten anderen Arbeitnehmern – aus seiner Tätigkeit ziehen kann. Von ihm sind Menschen abhängig, wie sie es sonst nur von ihren Eltern waren. Während sonst die Kunden fordernd und selbstsicher (»wer zahlt, schafft an«) auftreten, sind sie dem Professionellen gegenüber demütig, wagen nur selten eine Frage nach dem Honorar. In der Praxis des Arztes, in der Kanzlei des Anwalts, in der Kirche des Pfarrers ist es so, als ob die Patienten, Klienten, Gläubigen für den Professionellen da wären, und nicht er für sie. Sie kommen und suchen einen Beistand, den er geben oder verweigern kann – sie treten nicht ein und kaufen ihm etwas ab, was er froh sein muß loszuwerden. (Die Rolle des Funktionärs in den Gesellschaften des Ostblocks scheint ähnlich narzißtische Gratifikationen zu bieten.)

Der Professionelle kann verleugnen, abhängig zu sein. Er dient offenbar nicht der inneren Kontrolle in einem gigantischen Zerstörungssystem, sondern einem menschlichen Wert, den er verkörpert und den nur seinesgleichen beurteilen kann. Als Gegenleistung für diesen narzißtischen Gewinn bietet er an, seine Kontrollfunktionen undurchschaubar zu machen. Er handelt nicht in einem an gesellschaftliche Zwecke gebundenen Auftrag (was sein Handeln viel leichter angreifbar machen würde), sondern selbständig. Dem Professionellen bietet die Gesellschaft auch da noch einen Sinn an – d.h. eine narzißtische Bestätigung, eine Aufwertung seines Selbst –, wo sie anderen nur Geld anbietet. Je deutlicher nun der unmittelbare Mangel zurücktritt, desto begehrter wird in den Industriegesellschaften diese Aufwertung, desto weniger befriedigt, was man für Geld kaufen kann.

Das Schicksal der Psychotherapie und ihre Bedeutung für die Industriegesellschaft sind mit dieser Rolle der Professionellen verbunden. Die expansive Entwicklung und der große Andrang zu diesen Berufen werden verständlicher, wobei eine verborgene Ironie darin liegt, daß in Westdeutschland nur die anpassungsfähigsten, besten Schüler einen Studienplatz in Medizin und Psychologie bekommen, um dann ihre Lebensaufgabe daraus zu machen, jenen zu helfen, die sie erst auskonkurriert haben. Parallel dazu sind die Psychotherapeuten immer mehr in die Rolle von idealen Ersatz-Eltern geraten. Freud hat die Rolle der realen Kindheitserlebnisse und ihre »traumatische«, verletzende Wirkung für später sehr begrenzt gesehen (beschränkt auf die Überreizung der kindlichen Sexualität), und später ganz heruntergespielt (weil sich die Verführungsgeschichten oft als Phantasie erwiesen). Er konzentrierte sich auf die Vorgänge im Individuum, auf seine Phantasiewelt, deren Verdrängung in der Kindheit es für die Bewältigung des Erwachsenenlebens schwächt.

Heute sieht die Lage anders aus. Der Psychoanalytiker soll nicht mehr (dem Chirurgen vergleichbar, wie Freud noch sagte) einen isolierten

Konflikt bearbeiten und dem ansonsten arbeitsfähigen Ich des Patienten den Rest der Gesundung überlassen. Er soll einen Mangel ersetzen, etwas Fehlendes nachholen lassen, korrigierende emotionale Erfahrungen liefern, in der Behandlung von Grundstörungen erst einmal Urvertrauen aufbauen, eine nachholende Ich-Entwicklung gewährleisten, das »falsche« Selbst zugunsten des »wahren« Selbst abbauen. Je umfassender der Anspruch, desto länger dauert die Therapie, desto mehr wird sie zu einem Bestandteil des Lebens. Wer sich heute in Psychotherapie begibt, verliert vielleicht nicht seine Symptome, oft aber seine alten Freunde: er »kann einfach nicht mehr mit ihnen reden«. In Kleinanzeigen heißt es: *»Mitglieder für eine Wohngemeinschaft gesucht, möglichst mit Primärerfahrung.«*

Freud hat die Verdrängungen analysiert: horizontale Abspaltungen, durch die bestimmte Erlebnisinhalte aus dem Bewußtsein verschwinden und für es nicht mehr zugänglich sind. Sie müssen erschlossen werden. Wir haben zu ihnen keinen besseren Zugang als zu den seelischen Vorgängen eines anderen Menschen. In den heutigen Behandlungen spielen die vertikalen Abspaltungen eine größere Rolle: Erlebnisbereiche, die nicht unbewußt sind, die aber nur ein Schattendasein führen. Den Patienten Freuds waren ihre Symptome unerklärlich; die Aufklärung und das Durcharbeiten der Widerstände gegen sie bewirkten eine Veränderung. Heute ist unseren Patienten vielfach ganz klar, was ihnen fehlt. Sie erklären ihre Störungen, sie führen sie möglicherweise sogar auf ihre Kindheit zurück, aber sie klagen darüber, daß diese Erklärungen ihnen nicht helfen, daß ihr Wissen ihre Misere nicht behebt.

Parallel dazu spielen sich auch die Therapien in einem vertikal abgespalteten Bereich ab, in einer Ersatzwelt, in der *»man zum ersten Mal richtig miteinander reden kann«. Woody Allen* ist seit zwanzig Jahren in psychoanalytischer Behandlung – irgendwann wird das mit Psychoanalyse begleitete Leben für eine zahlungskräftige Minderheit länger werden als das nicht begleitete Leben. Die Analytiker sagen (wie *Heinz Kohut* und *Alice Miller*), daß oft erst die zweite Analyse »wirklich« etwas bringt. Die Lehrinstitute verlangen an die tausend Stunden Selbsterfahrung für ihre Analytiker, während die Kassen bereits nach 120 Therapiestunden Schwierigkeiten mit einer Verlängerung machen. Neben den realen Beziehungen und dem wirklichen Alltag gibt es eine ideale Beziehung, einerseits als Ware bezahlt, andrerseits vollkommener, von Werten wie Einfühlung, Verständnis, Freiheit, lebendigem Gefühl bestimmt, die im realen Alltag nicht mehr viel zu suchen haben.

Dazu gehört auch, daß es anscheinend viel einfacher ist, einen neuen Therapeuten zu machen als einen geheilten Patienten. Ein Freund von mir, der sich am Aufbau von zwei therapeutischen Instituten beteiligt hat, sagte einmal: *»Jeder Arzt, der bei mir in Behandlung war, ist bisher*

*Therapeut geworden.«* Er war stolz darauf und schien darin einen Beweis für die Qualität dieser Therapie zu sehen. Das ist sicher auch richtig, denn der Maßstab für die Qualität der meisten Waren und Dienstleistungen ist ihr Wert als Ersatzbefriedigung. Der Psychologe und der Arzt können am Ende sogar vierzig Jahre »in Therapie sein« und Woody Allen übertreffen. Theologen, Sozialarbeiter und Lehrer, die inzwischen kaum mehr Zugangswege zu den etablierten Therapiewelten haben, können immer noch Heilpraktiker, Supervisoren, Trainer von Selbsterfahrungsgruppen werden. Sie alle sind gleichermaßen unbefriedigt von der kognitiven Verflachung und zweckrationalen Verwaltung der Arbeit in den sozialen Berufen. Sie suchen nach einer anderen Welt und bauen sie in einem abgespaltenen, ausgegrenzten Bereich auf.

Der Vergleich des Psychotherapeuten und des Experten für zwischenmenschliche Probleme mit dem Zoodirektor setzt hier an. Was in der technisierten Industrielandschaft ausgerottet werden muß, aber doch einen Wert besitzt (und sei es ein sentimentaler), wird in abgegrenzten Bereichen aufbewahrt und gut gepflegt. Die Kontoristin, die nach elf Monaten Bürojob einen Monat in ein Zentrum für Encounter-Gruppen reist und dort ihr eigentliches Leben ansiedelt, verhält sich nicht viel anders als die Krankenschwester, deren eigentliches Leben die Klettertouren mit ihren Bergfreunden am Wochenende darstellen, oder der Prokurist, der eigentlich als Jäger in den kanadischen Urwäldern lebt.

Das Leben als Zoodirektor ist ein Kompromiß zwischen der Sehnsucht nach der Wildnis und dem Wunsch, sich die Sicherheiten und Annehmlichkeiten der Industriewelt zu erhalten. Das Auswuchern therapeutischer Ersatzwelten, als »Psychoboom« beschrieben und sowohl von konservativ-ärztlicher Seite (»die sind ja alle nicht richtig krank«) wie von radikal-marxistischer Seite (neue Formen von Opium für das Volk) kritisiert, läßt sich durch Abwertung wohl kaum aus der Welt schaffen. Therapeuten und Patienten, Gurus und Gläubige protestieren hilflos gegen eine zweckrationale Welt, die sie doch als wirtschaftliche Grundlage nicht aufgeben können. Statt die Gesellschaft rational und planvoll verändern zu wollen, wird versucht, in ihr Nischen zu entdekken, in die man sich retten kann.

Wir brauchen multiple Sozialisationen, Nach-Erzieher, Erwachsenenbildner, die Schäden gutmachen, die in den Familien unausweichlich entstehen. Und wir bekommen sie eher, können eher von ihnen etwas erwarten, uns und ihnen Hoffnung machen, wenn wir ihnen zubilligen, sich aufzuführen, als ob sie wüßten, wo's langgeht. Die Therapeuten erziehen zwar nicht selbst, aber sie wissen besser, wie hätte erzogen werden müssen, wenn die Menschen nicht sich selbst oder andere verletzen sollen. Die Praxis in den Familien, in der unmittelbaren Reproduktion des Menschen wird kritisiert, doch an ihre Stelle tritt keine neue Praxis, sondern die Rechtfertigung späterer Dienstleistungen, in diesem Fall der Psychotherapie. Obwohl es gewiß schwieriger ist, ein eigenes Kind zu erziehen als ein fremdes mit Spieltherapie zu behandeln, genießt doch die Spieltherapeutin ein höheres Prestige, sie wird besser bezahlt und darf sich den mangelhaften, irrational handelnden biologischen Eltern weit überlegen fühlen. Es geht den Therapeuten dabei nie darum, die Eltern zu ersetzen, doch sind sie unermüdlich darin, sie zu belehren und genau zu ermitteln, was sie falsch gemacht haben.

# 9. Die emotionale Wildnis

Ein(er) ... meiner Freunde ... versicherte mir, daß man in den Yogapraktiken durch Abwendung von der Außenwelt, durch Bindung der Aufmerksamkeit an körperliche Funktionen, durch besondere Weisen der Atmung tatsächlich neue Empfindungen und Allgemeingefühle in sich erwecken kann, die er als Regressionen zu uralten, längst überlagerten Zuständen des Seelenlebens auffassen will. Er sieht in ihnen eine ... Begründung vieler Weisheiten der Mystik. Beziehungen zu manchen dunklen Modifikationen des Seelenlebens, wie Trance und Ekstase, lägen hier nahe. Allein mich drängt es, auch einmal mit den Worten des Schillerschen Tauchers auszurufen: »Es freue sich, wer da atmet im rosigen Licht.«

*S. Freud**

»Ich glaube, wir werden hier rasten, nicht nur tagsüber, sondern auch in der Nacht. Die Luft ist bekömmlich in Hulsten. Viel Böses muß ein Land befallen, ehe es die Elben ganz vergißt, die einstmals hier wohnten.«

*J.R.R. Tolkien***

* S. Freud, Das Unbehagen in der Kultur, Ges. Werke XIV, Frankfurt am Main 1955, S. 430

** J.R.R. Tolkien, Der Herr der Ringe, Bd. I, Stuttgart 1978, S. 345

Stücke der *Arbeitsteilung* rückgängig zu machen ist ein alter Traum des bürgerlichen Individuums. Bereits Robinson in seinem Insel-Paradies, einer der ersten Helden solcher Träume, glaubt an die Aufhebung der Spaltungen, die das bürgerliche Selbst im Dienst seiner Verwertbarkeit einengen. Er ist sein eigener Zimmermann, Soldat, Jäger, Schneider, Gärtner, Viehzüchter, sein König und Untertan. Die Differenzierung der Gesellschaft vereinfacht die Individuen, beschneidet ihre narzißtische Ausdehnung und führt dazu, daß sie – unfähig, sich in mehr als einer Richtung zu entwickeln – wenigstens in dieser möglichst viel Macht haben und diese auch eifersüchtig bewachen wollen. Der Mythos des Professionellen hat hier seinen Ursprung.

Die Stabilität ökologischer Systeme hängt davon ab, daß sie möglichst gleichmäßig differenziert sind. Monokulturen, einseitige Spezialisierungen ohne Artenvielfalt sind ungünstig. Ich glaube, daß die Verwandlung unserer Umwelt abbildet, was sich auch in unserer Innenwelt verändert und unser inneres Ökosystem instabil macht. Auf der urtümlichsten Kulturstufe, die bei weitem die höchste Ausgewogenheit und Stabilität bewiesen hat und etwa 99 Prozent der menschlichen Entwicklungsgeschichte umfaßt, veränderte der Mensch die Natur kaum. Er suchte nicht, sie zu beherrschen, sondern war ein Teil von ihr. Jäger und Sammler kennen keine Vorratswirtschaft. Gerade deswegen lebten sie sehr sorglos. Sie wissen, daß es immer wieder eßbare Pflanzen zu finden, Beutetiere zu erjagen geben wird. Ihr ökologisches Wissen ist groß. Jahreszeitliche Veränderungen, Fortpflanzungszyklen von Pflanzen und Tieren, Fundorte, Wildwechsel, Tier- und Pflanzenkunde sind bei den sogenannten »Primitiven« Alltagswissen, weit reicher und differenzierter als die durchschnittlichen Kenntnisse des zivilisierten Menschen, dessen einziger Kontakt mit Botanik oft die Gemüseabteilung des Supermarkts ist.

Die agrarischen Gesellschaften der vorindustriellen, noch nicht motorisierten und elektrifizierten Landwirtschaft schufen ebenfalls sehr differenzierte Ökosysteme. Als Enkel eines Bauern und als Besitzer eines vor 15 Jahren um den Tauschwert eines Kleinwagens erworbenen Bauernhauses in Mittelitalien habe ich die Entdifferenzierung der bäuerlichen Ökosysteme selbst miterlebt und schrittweise immer deutlicher mit dem verbunden, was ich als wesentliche seelische Störungen meiner selbst und meiner Mitmenschen beobachte. Als ich vor einigen Jahren das Bauernhofmuseum auf der *Glenleiten* in *Oberbayern* besuchte, sah ich viele Dinge, die ich als Kind noch selbst in der Hand gehalten hatte: Sensen, hölzerne Heugabeln, Rechen, Dreschflegel, Leiterwägen, Kuhgeschirre.

Ich machte mir klar, daß meine eigene ländliche Kindheit ein Museumsgegenstand geworden war, das heißt auch etwas, das für immer dahin ist. Für mich war die sinnfällige Differenzierung dieser Kindheitswelt etwas, was ich gerne erinnere und was für meine Entwicklung wesentlich war. Das Wasser kam vom Brunnen, das Obst von den Bäumen, die Milch wurde in den Eimer gemolken, das Rauchfleisch stammte von den zur Fütterzeit grölenden und dann blitzschnell im Schmatzen verstummenden Schweinen. Die Kühe Olga und Gretel zogen den Pflug, die Egge, die Drillmaschine; das Getreide wurde gemäht, gebunden, in Mandeln aufgestellt, eingefahren und in einem großen Fest gedroschen, mit zwanzig Helfern von den umliegenden Höfen und einer unverkennbar summenden Maschine. Die Großmutter buk ihr eigenes Brot, rührte ihre eigene Butter, kochte Gelee und Marmelade, wir machten Sauerkraut und Most, Würste und Schinken.

Das alles ist unwirtschaftlich gewesen, aber es war schön für ein Kind. Nur für ein Kind? In Mittelitalien erlebte ich den Verfall einer differenzierten agrarischen Struktur bewußter. Das *Mugello* ist ein breites Tal, von Hügeln umgeben. Die Hügel waren früher ebenso bewirtschaftet wie die Ebene; Wälder aus Kastanien und Eichen, Olivenhaine, Filari von Weinreben, an lebenden Stützen (meist Bergahorn) gezogen, Obstbäume, um die Häuser schattige Nußbäume, kleine Gärten, Korbweiden. Die Größe dieser Bauernhöfe war genauso unwirtschaftlich wie die der inzwischen, nach dem Tod der Großeltern, verkauften Landwirtschaft in Deindorf. In dem Bergtal, wo heute mein Haus neben drei Ruinen und zwei an Städter als Wochenendhäuser verkauften Bauernhäusern steht, lebten früher an die fünfzig Menschen. Die Wege waren gepflegt, die Maronenhaine für die jährliche Ernte vom Gestrüpp befreit, die Trockenmauern, welche die Terrassen für die gemischte Bewirtschaftung (Reihen von Weinreben oder Oliven, zwischen die Getreide gesät wurde) abstützten, sorgfältig instand gehalten.

Unten im Tal lag das Dorf, umgeben von hohen, grauen, befestigten Mauern, verstreut darum Bauernhöfe, wie der meine. Heute ist das Dorf von fünfstöckigen Betonbauten zugewuchert. Die Bauernhäuser in den Hügeln sind verfallen, von Brombeeren und Schlehen überwachsen, oder – wie das meine – in einer Privatwildnis von einigen Hektar erhalten. Die gleichmäßige Differenzierung der vorindustriellen Landwirtschaft verwandelt sich in die einseitige der Industriegesellschaft. Die Fuß-, Maultier- und Karrenwege wachsen zu, werden ungangbar; die Straßen in der Ebene breiter, bis sie die Landschaft zerschneiden und die anliegenden Häuser durch Lärm und Abgase vergiften. Wo der Anbau mechanisiert werden kann, entstehen öde Monokulturen. Ansonsten wird aufgeforstet – eintönige Pinienwälder. Was ist das für eine Wirtschaft, in der Vielfalt unwirtschaftlich ist, in der es sich nicht lohnt, ein bißchen Wein, Ölivenöl, Obst, Getreide, Gemüse anzubauen. Man muß sich auf ein Produkt konzentrieren, die Produktionsweise rationalisieren, und kaufen, was zu zeitraubend ist, um es selbst zu machen. Alles andere ist Gefühlsduselei, Romantik, mit der man nicht wettbewerbsfähig bleibt, mit der man nicht das Mindesteinkommen erreicht. Ein Diplomlandwirt heute kann wahrscheinlich keinen Stuhl schnitzen, keinen Korb flechten, keine Kuh zum Ziehen des zweirädrigen Karrens abrichten und kein Brot backen. Aber er versteht mehr von wissenschaftlicher Landwirtschaft als das alte Bäuerlein.

Die Bauern haben die kleinen, differenzierten Höfe in den Hügeln verlassen und sind als Industriearbeiter in die Städte gegangen. Bewaffnet kommen sie in die Natur zurück; anderthalb Millionen Jäger gibt es in Italien. Meist ist schon am Eröffnungstag das ganze jagdbare Wild erschossen, und ein halbes Dutzend Jäger dazu. Ein Fasan, der die Unvorsichtigkeit begeht, sich vor dem Ansturm der Jäger in die Luft zu retten, muß damit rechnen, von mindestens vier Flinten unter Feuer genommen zu werden – und gelegentlich entscheidet der zweite Flintenlauf dann den Streit, wer das Tier denn eigentlich erlegt hat.

Die Natur ist zur Wildnis geworden, die mit der Flinte in der Hand zurückerobert werden muß. Der moderne Jäger trägt die aggressive Konkurrenz, die er in der Stadt jeden Tag erlebt, in die Natur zurück. Meine Nachbarn und ich fürchten uns in dieser Zeit und gehen nur noch in grellfarbigen Kleidern, laut pfeifend oder hustend durch den Wald. Am besten scheint mir eine Anekdote aus den USA die Beziehung zwischen dem Bauern und dem städtischen Jäger auszudrücken. Dort schreiben die Farmer zu Beginn der Jagdsaison mit weißer Farbe ihren Rindern »cow« an die Flanken. Sie erwarten, daß die Jäger zwar keine Kuh von einem Hirsch unterscheiden, doch wenigstens lesen können. (Dennoch werden jedes Jahr einige tausend Rinder von den Jägern erlegt.)

Wie unsere Experten für Landwirtschaft, Straßenbau und Städteplanung mit der Umwelt umgehen, zeigt deutlich, daß Gefühlswerte zunächst einmal keine Werte sind, sondern altmodischer, romantischer Schnickschnack, Träumerei, Schwärmerei. Wer in Politik oder Wirtschaft Karriere machen will, wird sich diesen Vorwurf möglichst nie machen lassen. Wenn er sehr widerstandsfähig ist, erträgt er ihn einige Male. Aber es gibt letztlich nur die Wahl, in diesem System Karriere zu machen, indem man seine zweckrationalen Grundpositionen übernimmt, oder aus ihm auszuscheiden und sich in die Nischen des Privaten, der Steckenpferde, der Alternativszene zurückzuziehen.

Die Psychotherapie hat in diesem Zusammenhang eine eigene Stellung. Sie enthält die wirtschaftlich »lohnende« Entwicklung einer Fähigkeit, die an sich sehr allgemein und natürlich ist: Einfühlung, Verständnis, Freundlichkeit, Erfassen und Deuten der Zusammenhänge menschlicher Schicksale. Die Mischung aus Monokulturen und Verwilderung erfaßt auch die menschlichen Beziehungen. Miteinander zu reden, Geschichten über das eigene Leben, die eigene Kindheit zu erzählen, das uralte Vergnügen am Lagerfeuer und in der bäuerlichen Spinnstube, ist heute seelisch unrentabel, »langweilig« geworden. Es gibt aufregendere, gleichzeitig aber weniger differenzierte und vielfältige Unterhaltungen: das Fernsehprogramm, das Kino, die Stereoanlage, die Discothek. Auf dem Land hat das Fernsehen die Dorfgemeinschaften aufgelöst. Früher gab es ein ständiges Wechseln von Besuch und Gegenbesuch. Heute flimmert auf Bildschirmen ein Programm in die Wohnstuben, das einerseits hochspezialisiert ist und gekonnt Interessantes aus aller Welt aufbereitet, andrerseits jedoch für alle Zuschauer gleich – wie draußen die Monokultur mit der besonders ertragreichen, von Spezialisten gezüchteten Maissorte.

Der Psychotherapeut muß sich manchmal rechtfertigen, daß er keine komplizierten Geräte verwendet und kein Laboratorium hat, sondern nur zwei bequeme Stühle, eine Couch, sein Gehör und seine Stimme. Er greift zurück auf die seelische Hausarbeit, die früher Mütter und Ehefrauen, Schwestern und Großmutter leisteten: die Wunden zu heilen, die durch den Konkurrenzkampf geschlagen wurden. Er ist sozusagen ein Spezialist für die teilweise Auflösung von Spezialistentum. Die Menschen, die zu ihm kommen, leiden oft daran, daß sie ihre Anpassungsfähigkeit so überentwickelt haben, daß ihre emotionale Ausdrucksfähigkeit auf der Strecke geblieben ist und sie nun am Ende weder arbeiten noch lieben können. Er soll beides wiederherstellen: die Leistungs- und die Liebesfähigkeit.

Die Gesellschaft ködert ihn mit dem Versprechen, er könnte sich den allgemeinen Zwängen zur Zweckrationalität, zur Monokultur, zur Verwirtschaftlichung, Verdinglichung, Warenanpassung seiner Person entziehen. Er kann sich als Mensch entwickeln, menschlich bleiben, Menschliches tun, mit Menschen umgehen. Mehr noch: Ihm bleibt die Unsicherheit erspart, die durch Freundschafts- und Liebesbeziehungen entsteht: Werde ich geliebt? Werde ich verlassen? Muß ich eifersüchtig sein? All das ist in der professionellen Beziehung kontrollierbar, aber sie ist doch eine menschliche Beziehung. So glaubt der Therapeut, beides zu bekommen: Sicherheit und Kontrolle, die Expertentum und technische Ausbildung gewähren, aber auch die allseitige Entwicklung, die Bereicherung an Gefühlserlebnissen und Ausdrucksmöglichkeiten, die den Reiz der intimen, privaten Beziehungen bestimmen.

Ich will weder das Nest beschmutzen, in dem ich ausgebrütet wurde, noch den Ast absägen, auf dem ich sitze. Ich finde es durchaus verständlich, Therapeut zu werden und zu bleiben. Wenn wir uns angewöhnt haben, einfühlend mit den eigennützigen Motiven anderer Menschen umzugehen, sollten wir es mit den Motiven unserer eigenen Profession nicht anders machen. Wir weichen dann nur von der Überlieferung ab, daß die Professionellen nur über ihre Ideale sprechen, nicht über ihre Motive. Aber diese Abweichung legt gerade die Profession des Psychotherapeuten nahe. Die Therapie bietet den professionellen Rahmen für einen Blick auf das nicht-professionelle, nicht-festgelegte Leben, das sich wehrt und den ganzen Organismus lahmlegt, wenn es allzuschlecht behandelt wird. *»Am Tag, als es endlich ganz haferfrei arbeiten sollte, starb das tückische Tier.«* So zitiert Freud die Geschichte von den Schildbürgern, die durch schrittweise Verminderung der Hafer-Rationen ihr Stadtpferd optimieren wollten. Die Psychotherapie soll das Pferd als Arbeitstier erhalten, indem sie ihm genug Hafer verschafft. Der Therapeut denkt nicht daran, daß das Pferd auch frei als Wildpferd leben könnte, denn seine eigene Freiheit ist in eben der Professionalisierung eingesperrt, die es ihm erlaubt, sich selbst und anderen für kurze Zeit Freiräume zu gewähren.

Der technische Fortschritt hat auch unsere innere Landschaft entdifferenziert. Wo die Möglichkeiten günstig waren, entstanden Hypertrophien, überentwickelte Gebiete, reich mit Energie und Informationen versorgt. Wo die Aussichten auf raschen Gewinn ungünstig sind, verwildert die innere Landschaft. Dorngestrüpp überwuchert die Wege, die an Düngung und Bewässerung gewohnte Vegetation stirbt ab. Die ursprüngliche Vegetation kann nicht zurückkehren, weil sie ausgerottet wurde oder die Wildnis für die überentwickelten Landzonen als Müllabladeplatz dienen muß.

Die immer schärferen Leistungsanforderungen werden scheinbar durch ein gesteigertes Angebot an Gegenständen und Maschinen ausgeglichen, die entweder Freizeit ermöglichen sollen (Geschirrspüler, Waschmaschine, Automobil, Zentralheizung, Warmwasser usw.) oder Freizeit strukturieren (Fernseher, Plattenspieler). Diese Gegenstände schaffen neue Abhängigkeiten. Sie sind wie mechanische Experten, die eigene Kompetenzen übernehmen, käufliche Erleichterungen, die letztlich Unabhängigkeit und Freiheit erschweren: Wie soll ich denn ohne Fernsehen, Spülmaschine, Waschmaschine, Supermarkt noch leben?

Noch schlimmer sind die menschlichen Fachleute, die Profis. Auch sie bringen die innerseelische Ökologie durcheinander, tragen zur Monokultur bei, lassen sich in ihrer Abhängigkeit ausbeuten und beuten andere in deren Abhängigkeit aus. Mir fällt dazu eine Serie in einer amerikanischen TV-Show ein, in der eine rat- und hilflose Kundin von den verschiedensten Spezialisten übers Ohr gehauen, vertröstet, erniedrigt und ausgebeutet wurde – vom Automechaniker, vom Klempner, vom Gärtner, vom Anwalt, vom Elektriker, der den Fernseher reparieren sollte. Die Pointe lag in der kurzen Schlußszene, in der dieselbe hilflose Frau, mächtig und selbstsicher in einem weißen Kittel, als Ärztin einem hilflosen Patienten eine überhöhte Rechnung aufbrummte.

Zur seelischen Ökologie gehört ebenso Artenvielfalt wie zur biologischen. Es muß viele Formen zyklischen Wechsels zwischen Aktivität und Passivität, Progression und Regression geben. Abhängigkeit von den Professionellen verhindert die Zahl der möglichen Aktivitäten, führt zur seelischen Monokultur – als Spezialist möglichst viel verdienen und alles andere von anderen Spezialisten erledigen lassen.

Die Umwelt wird heute durch die Raubbau-Mechanismen der industriellen Produktion belastet. Mit Maschinen und Unkrautvertilgungsmitteln werden riesige Landflächen gleichgeschaltet, bepflanzt, abgeerntet, bis die Humusdecke diesen Belastungen nicht mehr standhält. Vor der Erfindung des Wasserklosetts, des Kunstdüngers und der Waschmaschine wurden die Kanäle der Städte ebenfalls in Flüsse oder Meere geleitet. Dennoch konnte man weiterhin in diesen Flüssen baden, ohne sich zu gefährden: die natürliche Reinigungskraft bewältigte die geringen Belastungen mühelos. Wird sie überfordert, bricht der regenerierende Zyklus zusammen, dann erträgt das Gewässer auch jene Schmutzlasten nicht mehr, die es früher verarbeiten konnte.

Viele meiner Patienten scheinen mir in einer ähnlichen Situation. Ihre natürliche innere Selbstreinigungskraft, die Fähigkeit, Enttäuschungen zu vergessen und sich mit neuen Wünschen der Welt zuzuwenden, ist so beeinträchtigt, daß sie bereits kleine Kränkungen buchstäblich zur Verzweiflung bringen. Sie sind jung, gebildet, erfolgreich – und doch unglücklich, verbittert und allein.[9] Auch die Ursachen scheinen mir vergleichbar: Ihnen wurde beigebracht, etwas aus sich zu machen, nicht in sich zu Hause zu sein. Die Leistungsgesellschaft, verkörpert in Eltern, Lehrern, Vorgesetzten und Arbeitskollegen, gelegentlich sogar in Freunden, Geschwistern und Geliebten, hat ihnen gezeigt, was gut ist und daß es wichtig ist, gut zu sein. Sie konnten sich nicht als in ihrer Art vollkommen erleben, sondern stets nur als etwas, das durch Mühe verbessert werden muß. Am Ende dieser Entwicklung stehen verzweifelte Konflikte. Wenn alles Leistung ist, auch das Verhalten in meinen Gefühlsbeziehungen – dann ist auch alles Anstrengung, dann gibt es keinen Bereich, in dem ich mit anderen zusammen und doch entspannt bei mir selber sein kann. Also werden die beruflichen Beziehungen weiterhin ertragen, die persönlichen eingeschränkt, mit der Folge, daß sich die Betroffenen alleine fühlen. Jedoch nur die Partner ihrer Träume, die Gestalten der Phantasie, denen Film und Fernsehen möglicherweise eine trügerische Leibhaftigkeit verleihen, können diese Einsamkeit mildern.

Freilich ist es schlimm, daß sie sowenig wirklich sind, doch die wirklichen Partner sind allesamt nicht die richtigen, sind beispielsweise welche, die nur etwas wollen *(»nur mit mir schlafen wollen«, »nur mein Geld wollen«),* aber nichts zu geben haben. Man hat eben nur eines gelernt: sich anzupassen und etwas zu leisten. Und allenfalls noch, die Anpassung und die Leistung zu verweigern, wo es sich nicht lohnt. Daß der Mensch emotional mit der Natur und mit seinesgleichen verbunden ist, wurde vergessen, vor allem da, wo es um den umfassenden Ausdruck dieser Gefühle geht, nicht um die Verwertung von Gefühlen als Schmiermittel sonst nicht »laufender« Leistungszusammenhänge (die Freundlichkeit des Staubsaugervertreters, die Einfühlsamkeit des Psychotherapeuten).

Die Gegensätze von Monokultur und Verwilderung lassen sich auf diese Situation übertragen: das Anpassungsverhalten, die zweckrational verwertbaren, kontrollierbaren Leistungsbereiche – die gut erschlossenen Ebenen – werden intensiv kultiviert, es werden Fabriken in ihnen gebaut, es ist alles ziemlich häßlich, aber produktiv, profitabel, konkurrenzfähig. Die schwer erschließbaren, vielfältigen Hügel verwildern, keine Wege führen mehr durch sie, niemand kümmert sich um sie: *»Eigentlich würde ich ja lieber dort spazierengehen«,* sagt der Bewohner der Ebenen und zeigt auf die blauen Hügel, fern von den Industrieanlagen und den geteerten Straßen. *»Aber da gibt es keine Wege, nur Dorngestrüpp.«* Der Gefühlsausdruck ist nicht die Grundlage unseres Lebens, ebensowenig, wie das Kennen und Nehmen der natürlichen Gaben die Grundlage unseres Wirtschaftssystems ist.

Seine Gefühle auszudrücken und sich dadurch anderen Menschen nahe zu fühlen ist eine Grundlage für das seelische Gleichgewicht. Wenn heute bezahlte Experten wie die Psychotherapeuten ein Stück weit diese Situation vermitteln, ist das ein Hinweis darauf, wie sehr sie in unserem Leben fehlt. Die Arbeitswelt duldet keinen oder nur einen zum Schmiermittel kanalisierten Gefühlsausdruck. Das Privatleben konfrontiert uns in den Massenmedien mit Darstellungen, in denen Gefühle so perfekt ausgedrückt werden, daß der passive Genuß dieser Vollkommenheit anziehender scheint als jeder mögliche eigene Versuch. Über alles, was in der zweckrationalen Ebene geschieht, werden die dicksten Lehrbücher geschrieben. Aber *»ich liebe dich«* zu sagen und sich dabei wirklich so zu fühlen ist für die meisten Menschen schwieriger geworden als die Bewältigung eines akademischen Studiums. *»Ich käme mir wie ein Schauspieler vor«,* wird beispielsweise zur Begründung dieser Unfähigkeit gesagt. Über so elementar gefühlsbestimmte zwischenmenschliche Abläufe wie die körperliche Liebe werden technische Anleitungen verfaßt, die sich lesen wie die Gebrauchsanweisung für einen Toaster oder eine Bohrmaschine. Grenzsituationen wie Geburt und Tod, in denen Gefühlsausdruck und menschliche Nähe eine besondere Rolle spielen, haben wir aus unserem Lebenszusammenhang völlig verbannt und Einrichtungen überantwortet, die auch mit dem verwilderten, unzugänglichen Gefühlssturm des Wahnsinns »umgehen« können: den Krankenhäusern.

Das Gesagte klingt nach einer Idealisierung des Gefühls. Für den profitorientierten Umgang mit der Natur ist das Gefühl gefährlich, weil es Zugänge zu unkontrollierbaren, nur dem eigenen Lebendigsein verpflichteten Bereichen öffnet. Für jemanden, der unglücklich über die Folgen dieses profitorientierten Umgangs ist, liegt es nahe, den Gefühlsbereich und das Irrationale hochzuschätzen, weil sie sich einer solchen Verwertung eher entziehen als die Welt der Vernunft. Doch ist nicht zu übersehen, daß Gefühle den Menschen auch irreführen, ihn in schlimme Abhängigkeiten bringen und Grausamkeit oder Gewalt bewirken können.

Wir wissen eigentlich gar nicht, wie ein Gefühlsleben aussieht, das nicht durch langjährige Monokultur von Anpassung und Leistung verformt ist. Verwildert, bedarf es der Zügelung – eine Tatsache, die Freud in dem Bild vom ungebärdigen, bösartigen Es ausdrückt, dem das Ich vernünftige, das Über-Ich irrational strenge, realitätsblinde Kontrollen auferlegen. Die Ökotherapie widerspricht Freud nicht in seinem durchaus realistischen Bild des durchschnittlichen seelischen Zustands eines Menschen der hochentwickelten Gesellschaften. Hier ist es tatsächlich so, daß ein wildes, von nicht mitteilbaren und mitfühlbaren Triebwünschen und Gefühlen beherrschtes Es von einem realitätsorientierten Ich und einem strengen, die unrealistischen Kulturforderungen vertretenden Über-Ich unter Kontrolle gehalten wird und werden muß, wenn das Individuum nicht sich selbst oder andere schädigen soll. Doch scheint es vorschnell, daß dieser Zustand auch den Anfang der Entwicklung treffen soll.

Wenn wir Freud glauben, dann muß das Ich das Es bändigen, um den Menschen vor Todestrieb und Inzestwunsch zu schützen. Wäre es aber nicht denkbar, daß erst durch den naturfeindlichen Anpassungszwang einer naturbeherrschenden Kultur die »böse«, chaotische, sadistische Triebwelt des Es entstanden ist? Daß nicht das strenge Über-Ich notwendig ist, um die wilden Unterschichten zu kontrollieren, sondern umgekehrt die Unterschichten so wild und böse sind, weil ihnen ein naturfeindliches, naturbeherrschendes Leistungs- und Anpassungsprinzip aufgezwungen wurde? Sie hatten gar keine Chance, sich im Kontakt mit einer natürlichen Realität allmählich zu verfeinern. Die Vielfalt der Gefühls- und Triebbedürfnisse durfte doch nicht die Grundlage des Lebens bleiben, über die man mit allen anderen Menschen sprechen und sie im Dialog mit ihnen verwirklichen oder verwerfen kann.

# 10. Schamane für Stadtindianer?

Wenn die Kulturentwicklung so weitgehende Ähnlichkeit mit der des einzelnen hat und mit denselben Mitteln arbeitet, soll man nicht zur Diagnose berechtigt sein, daß manche Kulturen – oder Kulturepochen – möglicherweise die ganze Menschheit – unter dem Einfluß der Kulturstrebungen ›neurotisch‹ geworden sind?... Was die therapeutische Verwendung der Einsicht betrifft, was hülfe die zutreffendste Analyse der sozialen Neurose, da niemand die Autorität besitzt, der Masse die Therapie aufzudrängen?

*S. Freud**

»Es mag sein, daß nur noch wenige Tage bleiben, bis sich die Dunkelheit auf unsere Welt senkt, und wenn sie kommt, hoffe ich ihr standhaft ins Auge zu sehen; doch würde es mein Herz erleichtern, wenn ich Euch sehen könnte, solange die Sonne scheint. Denn Ihr und ich, wir beide sind unter die Schwingen des Schattens geraten und dieselbe Hand zog uns zurück.«

*J.R.R. Tolkien***

* S. Freud, Das Unbehagen in der Kultur, Ges. Werke XIV, Frankfurt am Main 1955, S. 504

** J.R.R. Tolkien, Der Herr der Ringe, Bd. III, Stuttgart 1978, S. 269

Ich nehme an, daß sich inzwischen ein Teil der Gefühle, die ich beim Schreiben spüre, auch auf den Leser übertragen hat. Obwohl wir beide Opfer der Massenmedien sind, möchte ich doch so tun, als könnte ich ihm für seine Geduld danken und mich entschuldigen. Es geht mir nicht darum, eine klare und kompetente Aussage zu machen und mich als Spezialisten für Ökotherapie anzubieten, der Lösungen vorschlägt, wie sie vielleicht erwartet werden – das Gesundheitssystem zu reformieren, die Psychotherapie zu verstaatlichen, die Herrschaft der Experten und der Monokulturen abzuschaffen. Es geht mir eher darum, eine Empfindung zu vermitteln, die nicht einfach benennbar ist. Sie läßt sich vielleicht umschreiben.

Mir scheint, daß es oft wichtig ist, die *Dunkelheit* zuzulassen, aus der wir kommen und in die wir gehen. Die Monokultur der Verwertbarkeit, der Herrschaft und Kontrolle tut häufig so, als könnte sie uns dieses Dunkel ersparen, indem sie uns davon ablenkt. So fangen wir an, dieses Dunkel als feindlich zu erleben, und damit auch das Unbewußte als feindlich. Die Therapeuten, die sich als kundige Führer durch das Nachtmeer anbieten, haben natürlich zum Teil auch ein Interesse, diesen Eindruck aufrechtzuerhalten.

Das Gefühl, das ich vermitteln will, läßt sich eher negativ als positiv beschreiben. Das ist zu erwarten, denn die Beschreibung sucht ja mit den zusammenhängenden, kontrollierbaren Mitteln des Denkens zu fassen, was gerade durch dieses Licht verscheucht wird. So glaube ich oft, daß es die wichtigste Aufgabe des Ökotherapeuten ist, die Entschuldigungen, Beschönigungen, die Heilserwartungen, den Expertenanspruch, die Hoffnung, doch noch etwas für sein Geld zu bekommen, allesamt zu enttäuschen, so gründlich zu enttäuschen, daß eine Pause entsteht, ein Loch, das nicht sogleich durch eine neue Ersatzbefriedigung zugestopft wird. *Das Ziel der Therapie ist dann nicht mehr Heilung, sondern emotionales Überleben in einer Welt, deren grundlegende Strukturen lebensfeindlich sind.*

Vielleicht können wir uns von der Illusion befreien, diese Strukturen durch unseren Willen, unsere Einsicht und unser Engagement zu verändern. Eine andere Illusion ist die Rückkehr in die tropischen Paradiese, die Wiederaufnahme des Stammeslebens, des Einklangs mit der Natur. Eine dritte Illusion ist der Glaube an den Fortschritt der Wissenschaft, die eine Lösung finden wird.

Der Psychoanalytiker soll den Patienten von seinem neurotischen Elend befreien, an dessen Stelle das allgemeine Leid tritt. Die Ökotherapie entwickelt diese Aussage Freuds weiter. Es ist notwendig, sich ein klares Bild von dem allgemeinen Leid zu machen, um den Hilfesuchenden von seinen Illusionen zu befreien, um zu verhindern, daß er von Helfern ausgebeutet wird, die versprechen, ihm das allgemeine Leid zu erleichtern, während sie tatsächlich nur ihre eigenen Schonräume schaffen und schützen.

Ich bezweifle, daß es mir bisher geglückt ist, das Gefühl zu vermitteln, von dem ich gesprochen habe. Was ich sage, klingt ohne Hoffnung, aber das Gefühl ist nicht Verzweiflung. Der gepanzerte Gigant, der sich von den Energien ganzer Gebirge und unterirdischer Meere von Öl nährt, wird in den Abgrund stürzen und zerschellen. Das riesige Schiff, in dem die Orchester überlaut spielen und ein Gang des *Captains Dinner* nach dem anderen serviert wird, muß endlich, steuerlos und ohne Kraft in den Maschinen, irgendwo stranden und untergehen. Die Ratten im Bauch des Schiffs, die Heiler, die in irgendwelchen Nischen ihre Reparaturdienste verrichten, werden daran nichts ändern. Vielleicht ist das Gefühl dieses: in dem Giganten so zu leben, daß uns sein Schicksal möglichst wenig berührt, ohne Haß und ohne Anhänglichkeit, mit nicht mehr Angst als notwendig und ohne Vertrauen auf den Sieg der Vernunft, des Fortschritts und der Naturbeherrschung. Ich stelle mir vor, daß ich damit moralische Vorstellungen verletze: man muß sich doch wehren, initiativ werden, Bürgersinn, Atomkraftwerke und Datenerfassung nicht hinnehmen...

Sicherlich sind mir die Leute sympathischer, die gegen einzelne zerstörerische Schritte des Giganten kämpfen, als jene, welche sie fördern und rechtfertigen. Aber ich will dieses Engagement weder für mich noch für andere zu einer Verpflichtung machen. Dazu müßte ich mir sicher sein, daß es etwas nützt, daß es sinnvoll ist, von einzelnen Menschen zu verlangen, sie sollten rückgängig machen, was das Suchtmittel der Naturbeherrschung in den letzten zehntausend Jahren seit der neolithischen Revolution angerichtet hat. Kämpferischer Einsatz für meine Ideen erweckt in mir den Verdacht, daß ich mich anstecken lasse von Leistungsdruck und Konkurrenzkampf, von denen ich mich doch befreien will. Es ist unser Grundrecht, in der Natur zu leben und sie nicht durch Arbeit und Mühe verändern zu müssen. Die einzige Entschuldigung für Gott, der Adam etwas anderes sagte (»im Schweiße deines Angesichtes sollst du dein Brot essen«), ist doch die, daß es ihn nie gegeben hat. Und da ich die unveränderte Natur, die mir ohne Säen und Ernten, ohne Spinnen und Weben, ohne Kampf und Konkurrenz gibt, was ich brauche, nicht wiederfinden kann, erkläre ich den Dschungel der Industriegesellschaft zu einer Umwelt, in der ich leben will wie die Jäger und Sammler auch. Unter dem Pflaster liegt nicht der Strand, sondern der Schutt von einigen hundert Generationen. Aber das ist dem Stadtindianer gleichgültig. Er würde seinen Fuß lieber auf Gras oder Moos setzen. Nur aus Klugheit, nicht aus Überzeugung geht er über den Asphalt und die Rolltreppen. Er ist sich bewußt, daß seine Existenzform noch parasitär ist: Der Parasit ist von seinem Wirt weniger abhängig als dessen einzelne Zellen voneinander. Er hat eine gewisse Chance, dessen Tod zu überleben. Der kleine Schmarotzer an dem großen Parasiten der Industriegesellschaft hat vielleicht dieselben Möglichkeiten wie der Zwerg auf der Schulter des Riesen oder meinetwegen die Laus auf dem Kopf des Astronomen. Er kann sich auf den Augenblick vorbereiten, in dem der Riese fällt – ohne Hoffnung, den Sturz zu überleben, aber dennoch sicher, daß es sich lohnt, es zu versuchen.

Die Ökotherapie wird an die Psychotherapie *zwei Forderungen* stellen:

- eine Ablehnung der Anpassung an eine umweltzerstörende Gesellschaft
- eine kritische Einstellung gegenüber allen Versuchen, die menschliche Natur mit medizinischen oder psychologischen Mitteln zu beherrschen, zu manipulieren und sie unter Leistungsdruck zu stellen.

Sie wird deshalb auch verlangen, daß jeder Helfer bereit ist, über seine Motive und Privilegien zu sprechen. Berufliche Karriere und verbesserte Leistungsfähigkeit hören auf, Merkmale psychotherapeutischen Erfolges zu sein. Es bleibt aber sehr wesentlich, verleugnetes und verdunkeltes Leiden bewußt zu machen – aus depressiver Leere und Gedrücktheit die Versagung von faßbaren Wünschen herauszuarbeiten, oder die sprachlose, unklare Selbstzerstörung psychosomatischer Krankheiten in eine bewußte Auseinandersetzung darüber zu verwandeln, ob es sich lohnt, so weiterzuleben wie bisher.

Die Ökotherapie will nicht um jeden Preis Selbstmord verhindern. Wer sich töten will, wird nicht, wie in der traditionellen Medizin, fast automatisch entmündigt und zwangseingewiesen. Es gibt eine freie, verantwortungsvolle Entscheidung über Leben und Tod, die kein Mensch einem anderen anvertrauen soll, ganz gewiß keinem Fachmann, der schematisch entscheidet und bei Selbstmordgefahr nur noch an geschlossene Abteilungen psychiatrischer Krankenhäuser denken kann. Trotzdem ist die Ökotherapie ein wichtiges Mittel, mit Selbstmordgedanken umzugehen. Der Suizid bedeutet oft, daß die Dunkelheit nicht ertragen werden kann, die entsteht, wenn die lebensfernen Ideale der Konkurrenzgesellschaft nicht erfüllt werden können und eine neue Orientierung an den eigenen Bedürfnissen nicht möglich ist, eben weil diese Bedürfnisse verdeckt sind. Der Selbstmord gilt dann dem zerstörerischen Idealsystem *(»dieser Mann muß mich doch lieben, sonst ist alles sinnlos«, »wenn ich durchfalle, ist alles sinnlos«)*, das individuelle Leben mit seinem verschütteten Reichtum wird mit ausgelöscht, weil es im dunkeln ist.

Die Ökotherapie hingegen zielt darauf ab, das Dunkel zu ertragen, das entsteht, wenn wir von unserem industriellen, technischen Überbau absehen und versuchen, endlich wahrzunehmen, was in uns ist und uns mit der Natur, mit dem Leben um uns, mit unseren Mitmenschen verbindet.

Zur Verdeutlichung fällt mir eine Anekdote über *C. G. Jung* ein. Sie paßt zu seinem Vertrauen in die Botschaften des Unbewußten, in die Träume und die innere Wahrheit der mythischen Überlieferungen. Er hatte auf einem Tisch in seinem Arbeitszimmer einen alten Mörser aus Bronze stehen, in den er Zündhölzer, Pfeifenstopfer und Tabakreste zu werfen pflegte. Gelegentlich fing der Inhalt Feuer und brannte lichterloh. Die Schüler wollten eilig löschen. Doch der Therapeut hielt sie zurück: *»Don't interfere!«*

Sich nicht einmischen, geschehen lassen, nicht der Techniker sein, der etwas macht, sondern der Begleiter, der ermutigt, auf die Botschaften aus dem Dunkel zu warten – darum geht es in der Ökotherapie. Wenn die Menschen, wie es ihr Naturrecht ist, von Kindheit an unbeeinträchtigt in ihrem Körper zu Hause sein könnten, wäre sie überflüssig. Weil sie es nicht sind, weil der Therapeut wie sein Klient durch Monokulturen, Verweigerung des Dialogs mit den Gefühlen und Überreizung der intellektuellen, technischen Bewältigung verdorben sind, ist sie jene Spanne Zeit lang sinnvoll, die der Klient braucht, um zu sehen, daß es keine technische Hilfe für ihn gibt und daß er seinen eigenen Weg finden kann.

Nun gibt es viele psychotherapeutischen Schulen mit ihren eigenen Theorien und Techniken. Ich glaube jedoch nicht, daß diese Theorien und Techniken da noch wesentlich sind, wo sich wirklich etwas verändert. Sie dienen eher dazu, das Vorfeld zu räumen, zu klären, zu kartographieren, so daß in ihm die Wege an die Grenze des Dunkels leichter zu finden sind, in dem sich die wirklichen Entscheidungen und Entwicklungen abspielen. Die Techniken dienen beispielsweise dazu, daß sich der *Therapeut als Fachmann* fühlen kann, und der Klient das Gefühl hat, zu einem solchen zu gehen. Das erleichtert für beide den Anfang und das erste Stück des gemeinsamen Weges.

Die Techniken enthalten ein Stück Ersatzbefriedigung. Daher kommt die Gefahr, die in ihnen steckt. Sie können zum Selbstzweck, zur Ausflucht werden. Wenn ein Psychotherapeut einen anderen kritisiert, betrifft es meist Beobachtungen auf diesem Gebiet. So hat *Fritz Perls* den Psychoanalytikern mind-fucking vorgeworfen – Hirnficken, verkopftes Deuten, das den Klienten dazu führt, daß er seine Symptome immer besser erklären kann, ohne sich zu verändern. Nun geht es in der Psychoanalyse darum, Gefühle durch Worte auszudrücken, nicht etwa, über Gefühle zu reden. Aber wenn der Analytiker durch seine Deutungen sich selbst und seinem Klienten einen Ersatz für die Begegnung mit dem Dunkel verschaffen will, leistet er tatsächlich Kopfarbeit und verhindert die Veränderung des ganzen Menschen.

In der Ökotherapie wird alles herrschaftsfreie Wissen über natürliche Abläufe und Entwicklungen seinen Wert behalten. Wer das Dickicht der Industrielandschaft durchstreifen und sich doch in sich selbst zu Hause fühlen will (so gut es möglich ist), muß sich orientieren können. Der von seinen Techniken faszinierte Therapeut gerät sehr in Gefahr, daß er die Leistungsprinzipien auf seine Praxis überträgt – daß er möglichst schnell zu möglichst tiefen Gefühlen vorstoßen will. Er bevölkert eine tote innere Landschaft mit vorfabrizierten Pflanzen und wilden Tieren, täuschend aus Plastik nachgeahmt. Gurus, deren Bilder man um den Hals tragen soll, therapeutische »Schulen« mit dem Anspruch auf Weltverbesserung, der Verkauf von Therapie als geschütztem Markenartikel (»richtige« Psychoanalyse mit mindestens vier Wochenstunden, »richtige« Primärtherapie) sind für die Ökotherapie Mitbringsel aus einer Konkurrenzwelt, die sie fallenlassen will. Letztlich ist auch ein Begriff wie Ökotherapie der Versuch, das Vorfeld zu ordnen, hinter dem solche Einteilungen und Verzichterklärungen gegenstandslos werden.

# 11. Gesundheitsgefühl oder Krankheitsindustrie?

Der Mensch ist sozusagen eine Art Prothesengott geworden, recht großartig, wenn er alle seine Hilfsorgane anlegt, aber sie sind nicht mit ihm verwachsen und machen ihm gelegentlich noch viel zu schaffen. Er hat übrigens ein Recht, sich damit zu trösten, daß diese Entwicklung nicht gerade mit dem Jahr 1930 A.D. abgeschlossen sein wird. Ferne Zeiten werden neue, wahrscheinlich unvorstellbar große Fortschritte auf diesem Gebiete der Kultur mit sich bringen, die Gottähnlichkeit noch weiter steigern. Im Interesse unserer Untersuchung wollen wir aber auch nicht daran vergessen, daß der heutige Mensch sich in seiner Gottähnlichkeit nicht glücklich fühlt.

*S. Freud**

Sam wurde schwindlig, und er hielt sich am Stein fest. Ihm war, als ob die ganze dunkle Welt auf dem Kopf stünde. So groß war sein Schreck, daß er fast ohnmächtig geworden wäre, aber während er noch darum kämpfte, bei Sinnen zu bleiben, hörte er tief in seinem Inneren eine kritische Äußerung: ›Du Narr, er ist nicht tot, und dein Herz wußte es. Verlaß dich nicht auf deinen Kopf, Samweis, er ist nicht dein edelster Teil.‹

*J.R.R. Tolkien***

* S. Freud, Das Unbehagen in der Kultur, Ges. Werke XIV, Frankfurt am Main 1955, S. 451

** J.R.R. Tolkien, Der Herr der Ringe, Bd. II, Stuttgart 1978, S. 404

In unserem Medizinsystem sorgen technisch immer besser ausgebildete Ärzte mit immer höherem finanziellen Aufwand dafür, daß die Menschen sich immer seltener gesund fühlen.[10] Die Siege der naturwissenschaftlichen Medizin werden oft überschätzt. Gute Ernährung und bessere hygienische Bedingungen hatten Tuberkulose, Cholera, Diphtherie und Pest ihren Schrecken längst genommen, ehe sie von den Bakteriologen erforscht und spezifische Mittel gegen sie entdeckt waren. Die medizinischen Mittel, welche wirklich die Lebensqualität steigern, sind fast alle billig und leicht zu handhaben. Sie erfordern keine lange Ausbildung – ein chinesischer Barfußarzt kann sie in seinem Korb mit sich nehmen, ein Laie sie in der Apotheke kaufen und aufgrund der Lektüre eines gründlichen Beipackzettels sinnvoll anwenden. Der größte Anteil der steigenden Kosten des Gesundheitswesens wird für diagnostische und therapeutische Eingriffe aufgewendet, deren Erfolg zumindest zweifelhaft ist[11]; zwei Beispiele sind die Krebsforschung (deren Erfolge an die Siegesmeldungen der Amerikaner aus Vietnam erinnern) und die Intensivmedizin (die so oft das erlösende Sterben hinauszögert). Selbstmörder, die durch intensive Behandlung gerettet werden, aber für den Rest ihres Lebens an allen Gliedmaßen gelähmt sind, oder Kandidaten für Transplantationen, die sich noch einige Jahre abquälen, sind oft Beispiele für medizinische Siege und menschliche Niederlagen. Mindestens jede wirkliche Lebensqualität herstellende chirurgische Operation wird durch eine andere aufgewogen, in der die iatrogenen Schäden den Nutzen überwiegen. Überflüssige diagnostische und therapeutische Aktionen sind zu einer verheerenden Epidemie geworden.

Das Problem des technisch-medizinischen Aktionismus ist eng mit dem Grundproblem der Ökotherapie verknüpft: Wie kommt es, daß so oft etwas getan wird, anscheinend nur, weil Untätigkeit so schrecklich ist (*»ut aliquid fiat«)*? Wir haben kein Vertrauen in die autonomen, zyklischen Lebensäußerungen mehr, und aus diesem Mißtrauen schöpft das Medizinsystem seine zerstörerische Macht. Diese Destruktivität wird dadurch verschleiert, daß in der vielfältigen Landschaft des Medizinsystems durchaus Anklagen und kritische Stimmen zu hören sind, die sich gegen Teile dieses Systems richten. In einem Punkt sind sich die Experten freilich einig: Nur Ärzte können entscheiden, was gut für die Gesundheit ist. Und anscheinend ist es genau dieser Punkt, der die Förderung von Krankheiten durch jene Einrichtungen bedingt, welche Krankheiten bekämpfen sollten.

Das Mißtrauen in die autonomen Lebensäußerungen wird am deutlichsten in dem ungeheueren Verbrauch schädlicher Medikamente, die künstlich erzeugen sollen, was natürlich geregelt ist. In den Vereinigten Staaten werden jedes Jahr 20000 Tonnen Aspirin verbraucht – etwa 225 Tabletten pro Person. Der am schnellsten wachsende Sektor des Arzneimittelmarktes sind die Psychopharmaka. Sie machen bereits ein Drittel der Umsätze an Medikamenten aus: Aufputsch- und Beruhigungsmittel, Schlafmittel, Wahn oder Depressionen dämpfende Arzneien. In den industrialisierten Ländern wird jeder zehnte Nachtschlaf und jeder zwanzigste Stuhlgang medikamentös bewirkt[12], wobei sowohl Schlaf- wie Abführmittel dafür bekannt sind, daß sie die natürlichen Regelungen durch das vegetative Nervensystem beeinträchtigen.

Die wachsenden Kosten für eine technisch-medikamtentöse Regelung natürlicher Abläufe sind ein Hinweis darauf, wozu der Imperialismus der Naturbeherrschung führt. Unser gegenwärtiger Umgang mit unserem Wissen über die Natur ist von der Angst vor unkontrollierten, gefährlichen Wildnissen bestimmt. Daher verwenden wir unsere Kenntnisse fast immer rational, interessieren uns für Bemächtigung, Kontrolle, Macht und den möglichen Profit. Bei fast jeder Funktionsstörung unseres Körpers sind wir überzeugt, daß es besser ist, etwas zu tun, als nichts zu tun und uns auf die verschlüsselte Botschaft einzulassen. Die vegetativen Abläufe in unserem Organismus sind nicht rational bestimmt, sondern emotional: Atem und Herzschlag, Verdauung und Schlaf, gedrückte und freudige Stimmung, Angst und Lust. Dasselbe gilt wohl auch für die körpereigenen Abwehrkräfte, die unsere Bewältigung von eindringenden Erregern und wahrscheinlich auch die Entstehung von Krebs beeinflussen. *Der angemessene Umgang mit dem Wissen um die Natur, angefangen beim Wissen um unseren Körper, wäre gefühlsbestimmt.* Das heißt nicht irrational, chaotisch, blind – alle diese Verdächtigungen stammen aus den Ängsten der Bewohner von Monokulturen vor der natürlichen Vielfalt.

Die selbstkontrollierte, sich in einem Gleichgewicht haltende Vielfalt der natürlichen Lebenszusammenhänge wird in der Monokultur durch eine betrügerische Warenvielfalt ersetzt, die uns weismachen will, es gäbe immer wieder etwas Neues und Besseres. Bei den Arzneimitteln ist diese Situation besonders deutlich. In allen Ländern haben es die Ärzte mehr und mehr mit zwei Gruppen zu tun: einer, der sie Medikamente verschreiben, und einer zweiten, bei der sie die durch frühere Medikamente angerichteten Schäden, Suchterscheinungen, Abhängigkeiten behandeln müssen – meistens durch neue Medikamente.

In Westdeutschland werden mindestens 20000 Arzneimittel unter verschiedenen eingetragenen Warenzeichen verkauft. Mindestens 19500 davon sind entweder überflüssig oder schädlich[13]. Die vielen scheinbar verschiedenen Mittel erlauben es der technisch orientierten Medizin, die Gebundenheit an Ersatzbefriedigungen auszunutzen. Wenn ein Mittel nicht hilft, gibt es eine so große Zahl anderer, die zwar auch nicht helfen, jedoch so lange angewendet werden können, bis entweder der

Patient zugrunde geht oder seine Selbstheilungstendenzen den Sieg davontragen. Wie es für Ersatzbefriedigungen kennzeichnend ist, wird die entstehende Unzufriedenheit durch Abwandlung der Ersatzbefriedigung, nicht durch die Suche nach der verlorenen Befriedigung bekämpft. Je mehr Konsumgüter, desto abwechslungsreicher ist diese Verschleierung. Heute kostet jeder niedergelassene Arzt die Arzneimittelindustrie etwa 15000 Mark an Werbemaßnahmen. Dieser Aufwand wird durch die Profite ausgeglichen. Es ist sehr unwahrscheinlich, daß ein angemessener Gegenwert an Lebensqualität – »Gesundheitsgefühl« – produziert wurde.

Die Ohnmacht der einzelnen in diesem Krankheitssystem ist nur durch Verleugnungen erträglich. Der Arzt entschuldigt sich dadurch, daß seine Patienten die überflüssigen Mittel verlangen. Umgekehrt fühlen sich die Patienten hilflos den Fachleuten ausgeliefert, unaufgeklärt und mit Rezepten abgespeist. Beide könnten sich in einzelnen Fällen wehren. Das würde freilich erfordern, trotz der hohen Beiträge für die Krankenversicherung keine zudeckende Hilfe zu erwarten. Solche Veränderungen von der einzelnen moralischen Entscheidung zu erwarten, ist absurd. Gerade darauf beruht ja die Verschleierung in der Ärztepolitik. Wie von einer Gebetsmühle werden die Forderungen wiederholt, daß die Patienten verantwortungsbewußter mit ihrer Gesundheit und die Ärzte verantwortungsbewußter mit der Medizintechnik umgehen sollten. Jede Umgangsform mit der Natur hat die Medizin, die sie verdient. Die Industriegesellschaft hat eine industrielle Medizin, die davon ausgeht, mit technischen Mitteln die Schäden zu beseitigen, die durch die technischen Mittel entstehen. Der Zusammenbruch dieses Systems ist abzusehen. Einsicht ändert es nicht – erst der reale Zusammenbruch.

Das macht unsere Überlegungen aber nicht überflüssig. Die Folgen des Zusammenbruchs werden milder sein, wenn wir uns klarmachen können, daß eine Abnahme der Experten für Krankheiten, Verbrechen oder Neurosen keineswegs einen Wildwuchs dieser unerwünschten Erscheinungen zur Folge haben wird. Die Wiederentdeckung des Gefühls sollte nicht dazu führen, gleich einen Experten für Emotionalität aufzubauen. Es geht im Gegenteil darum, alle Experten dort zu entmachten, wo sie Dienstleistungen in einem Bereich anbieten, in dem die letzte Entscheidung ausschließlich unseren subjektiven, unwiederholbaren und nicht mehr verwertbaren Empfindungen zusteht. Ich bin überzeugt, daß ein sehr großer Teil der Entscheidungen im Gesundheitsbereich nicht durch die übliche Anwendung von Regeln durch Experten getroffen werden sollte. Die Entscheidung des Fachmanns wird dadurch fragwürdig, daß er durch bewußte (wirtschaftliche), mehr aber noch durch unbewußte (narzißtische) Motive bewegt wird, sich selbst unentbehrlich zu machen. Unabhängigkeit von allen Experten ist die Grundlage der Ökotherapie.

Eine der Entscheidungen, die niemandem ein Experte abnehmen kann, ist die, ob das subjektiv erlebte Leben noch lebenswert ist. Die Medizin setzt sich über diese Gefühle brutal hinweg. Die Patienten haben es sehr schwer, sich auf ihr Gefühl zu verlassen, wenn ihnen der Arzt versichert, daß »etwas getan werden kann«. So werden alte Leute nach einem Herzversagen, einem Schlaganfall, einer schweren Lungenentzündung oder einem Knochenbruch durch den Einsatz technischer Mittel gerettet, ohne die Frage zu stellen, ob sie das wünschen. Ähnliches gilt für viele chronische Krankheiten (beispielsweise für den Einsatz von künstlichen Lungen oder künstlichen Nieren).

Die Fachleute verhalten sich fast immer so, als ob das Leben ein rational begründetes Geschehen wäre. Es aus freien Stücken zurückzugeben, weil dauerndes Siechtum gefühlshaft abgelehnt wird, gehört zu den Fragen, die der Experte selber nicht entscheiden, deren Beantwortung er aber auch niemand anderem überlassen will. So gewohnt wir alle in der Industriegesellschaft sind, unsere Zeit – und damit unser Leben – an lästige, sinnlose und tödlich langweilige Beschäftigungen zu vergeuden, am Ende dieses Lebens, wenn die meisten Chancen möglicher Befriedigung ohnedies vertan sind, wird es mit einemmal unendlich kostbar und auch kostspielig.

Es ist eine Zwecklüge, daß in den steinzeitlichen Kulturen die alten Menschen umgebracht worden seien. Die Feldforschung hat gezeigt, daß es in diesen Kulturen in der Regel den Alten selbst überlassen bleibt, wann sie ihr Leben dem großen Geist bzw. der Mutter Erde zurückgeben wollen. In einem schönen Film über die *Cheyenne (Little Big Man)* wird gezeigt, wie ein alter Indianer auf einen Berg steigt und versucht, durch seine geistige Konzentration zu sterben, weil er sich alt fühlt und die Zeit dafür gekommen glaubt. Endlich fängt es an zu regnen. Er steht auf und fordert seinen ergriffenen Begleiter auf, mit ihm nach Hause zu gehen und das Abendessen zu genießen.

*»Wie jede andere wachstumsorientierte Industrie lenkt auch das Medizin-System seine Produkte dorthin, wo es scheinbar unbegrenzte Nachfrage gibt: in den Kampf gegen den Tod. Ein stets wachsender Anteil an Steuermitteln wird für die lebensverlängernde Technik zugunsten unrettbarer Patienten ausgegeben. Scheinheilig selektieren komplette Bürokratien jeden sechsten oder dritten unter jenen Amerikanern, die durch Nierenversagen bedroht sind. Der auserwählte Patient wird darauf abgerichtet, das seltene Privileg eines Sterbens unter exquisiter Folter zu begehren. Wie ein Arzt in seinem Bericht über die Behandlung seines eigenen Leidens feststellt, müssen viel Zeit und Mühe aufgewandt werden, um während des ersten und manchmal zweiten Jahres, um das die*

*künstliche Niere das Leben verlängert, den Patienten vom Selbstmord abzuhalten. In einer Gesellschaft, wo die meisten unter der Kontrolle einer öffentlich berufenen Autorität sterben, schmückt sich die Intensivstation mit dem feierlichen Zeremoniell, das einst die Hinrichtung und legale Tötung umgab. Die aufwendige Behandlung des im Koma liegenden Patienten tritt an die Stelle der Henkersmahlzeit.«*[14]

Diesem grimmigen Bild ist nichts hinzuzufügen. Auch hier ist es sehr schwierig, das Dunkel zu ertragen, das faßbar wird, wenn das gleißende künstliche Licht verlöscht. Wir alle neigen dazu, unseren Gefühlen zu mißtrauen und unser Handeln nach vorgeblichen rationalen Chancen auszurichten. Gefährliche und schmerzhafte Eingriffe werden in der heutigen Chirurgie häufig durchgeführt, obwohl die Erfolgsaussicht sehr gering ist – mit dem Argument, daß der Patient einer wenn auch kleinen Chance nicht beraubt werden dürfe. Das gleiche gilt für den alten Mann, der durch Antibiotika aus dem wohltätigen Todesschlaf einer Lungenentzündung gerissen wird und noch einige Monate intensiver medizinischer Behandlung erdulden muß. Es könnte ja, statistisch gesehen, durchaus möglich sein, daß er zu den alten Männern gehört, die dank der Behandlung eines solchen Leidens noch einige Jahre das Leben genießen. Wir halten das Zutrauen zu dem dunklen, unwägbaren Gefühl für anmaßend; am liebsten hätten wir noch einen Sachverständigen, der uns sagt: *»Ja, es ist ein richtiges, vernünftiges Gefühl«,* wenn wir beispielsweise alt und des Lebens satt sind. So vertrauen wir der Statistik, dem Ausrechnen von Chancen, der wahnsinnigen Tyrannei einer blinden Vernunft. Die existenzielle Situation einer lebensbedrohlichen Krankheit wird zu einem Rechenexempel:

Im Stadium II haben 45 Prozent eine Überlebensquote von über fünf Jahren, die Operation erhöht diese Quote auf 55 Prozent... Über die Subjekte und ihre Gefühle geht diese Medizin hinweg. Und wir klammern uns an sie, weil wir es gewohnt sind, über uns selbst hinwegzugehen, unsere Ahnungen abzuweisen. Wir haben ja selbst kein Zutrauen zu einem Empfinden, das – jahrzehntelang unterdrückt und verteufelt – uns auf den ersten Blick nur als Fratze voller Angst und Wut begegnet. Und wir haben nicht gelernt, auszuharren, bis die Dunkelheit ihre eigene Klarheit gewinnt.

Dennoch gibt es keine andere Lösung. Wir können nicht neue Spezialisten einführen, welche die Spezialisten der Gesundheitsindustrie kontrollieren. Das Gefühl, gesund zu sein, stellt sich da ein, wo ein Mensch fähig ist, mit seinen inneren Zuständen und äußeren Anforderungen fertig zu werden. Das heißt nicht, immer glücklich und zufrieden zu sein, sondern den zyklischen Wechsel von Lust und Unlust ertragen zu können.

*Wo die Menschen durch die gesellschaftliche Verweigerung einer auto-*

*nomen Lebensbewältigung diesem zyklischen Wechsel entfremdet werden, fühlen sie sich dauernd unglücklich und beanspruchen ein Recht auf dauerndes Glück, das ihnen die Ersatzbefriedigungen der Warenwelt auch vorgaukeln.*

Unglück wird dann subjektiv als Krankheit empfunden und an das Medizinsystem der Anspruch gestellt, das Glück wiederherzustellen. Real hängt die Gesundheit aber sehr eng damit zusammen, ob die politische Situation Selbstvertrauen, Selbstbestimmung, Autonomie und Würde des einzelnen ermöglicht. Das Gesundheitsgefühl wird dort am ausgeprägtesten sein, wo die Umwelt die Menschen darin fördert, ihr Leben autonom und selbstverantwortlich zu bewältigen.

*»Das gesundheitliche Niveau sinkt nur dort, wo das Überleben übermäßig von der heteronomen (fremdbestimmten) Regelung der organischen Gleichgewichte abhängig gemacht wird. Jenseits einer kritischen Menge ist die institutionelle Gesundheitsfürsorge – gleichgültig ob in Form von Therapie, Prävention oder Umweltplanung – gleichbedeutend mit systematischer Verweigerung von Gesundheit.«*[15]

Ein gutes Beispiel für die Mißachtung des Gesundheitsgefühls zugunsten einer technischen Fiktion von Gesundheit sind die »check up's«, die Untersuchungen von Menschen, die sich gesund fühlen, um ein möglicherweise noch verborgenes Leiden aufzuspüren. Durch das Vertrauen auf solche Mittel wird dem Betroffenen die Fähigkeit abgesprochen, selbst wahrnehmen zu können, ob er gesund oder krank ist. Tatsächlich führt die Verfeinerung der diagnostischen Verfahren dazu, daß es kaum mehr einen Menschen gibt, der sich gesund fühlen »darf«. Eine routinemäßige »Frühdiagnose« von Gesunden bietet dem Medizinsystem dieselben Ausgangspositionen wie die Marktforschung dem Konsumsystem. Aus dem umfangreichen Datenmaterial können die Fälle ausgesucht werden, welche die Existenz der medizinischen Einrichtungen rechtfertigen. Die Menschen glauben endlich, daß sie sich nicht von ihren Autos unterscheiden, bei denen regelmäßige Wartung durch einen Experten die Lebensdauer und den Marktwert bestimmt. Obwohl es zwei Dutzend kritischer Studien gibt, die nachweisen, daß die automatischen Frühdiagnosen-Gesundheitstests keinerlei positive Wirkung auf die Lebenserwartung haben[16], passen sie so gut in das System der Krankheitsindustrie, daß sie in allen Industrieländern mit großem finanziellen Aufwand gefördert werden. So hat man jahrelang die regelmäßige Durchleuchtung der weiblichen Brust (Mammographie) zu Vorsorgezwecken propagiert, obwohl die Quote der frühzeitig aufgedeckten Tumoren es keinesfalls rechtfertigt, durch die Strahlenbelastung die Gefahr bösartiger Neubildungen bei gesunden Frauen zu steigern. Von dem zynischen Idealfall, daß durch die diagnostische Technik das zu diagnostizierende Übel erst hervorgebracht wird, ist das Medizinsystem zumindest bei den Röntgen-Reihenuntersuchungen nicht mehr weit entfernt.

Das System der psychotherapeutischen Versorgung ist zwar nicht mit der großen wirtschaftlichen Macht des Medizinsystems ausgerüstet, doch entwickelt es sich im Prinzip nicht anders. Die Psychotherapeuten stecken ihre Claims ab und werden auf ihnen fündig. Mindestens 50 Prozent der Patienten, die mit angeblich organischen Krankheiten in die Sprechstunden der praktischen Ärzte, der Internisten oder der Heilpraktiker strömen, gehören »eigentlich« in die psychotherapeutischen Praxen. Viele Abiturienten studieren bereits mit dem Ziel, Psychotherapeut zu werden, Medizin oder Psychologie. Die Standespolitik der Ärzte kämpft dabei mit den weniger mächtigen und unter sich uneinigen Psychologen um dieses Areal der Versorgung. Die Krankenkassen haben sich bisher auf die Seite der Ärzte geschlagen und billigen diesen die Entscheidung darüber zu, ob seelische Schwierigkeiten als »Krankheit« angesehen und deshalb auf Kassenkosten behandelt werden dürfen.

Auch das Verhalten der psychotherapeutischen Experten läuft auf Entmündigung und wachsende Fremdbestimmung des Gefühls für seelische Ausgeglichenheit hinaus. Zu den Fragen, die an den Therapeuten oft gestellt werden, gehört: *»Ist das normal?«* Oder entschuldigend: *»Aber das ist doch normal!?«* Ich verstehe inzwischen besser, weshalb mich diese Frage immer so verlegen gemacht hat. Ich fühlte mich überfordert, weil ich den Anspruch an einen Experten für seelische Normalität spürte. In der Tat definiere ich allein dadurch, daß ich einen Klienten in Therapie nehme, seine seelische Abweichung. Mein Widerwillen drückt aus, daß ich mich lieber in eine Nische flüchten will, in der es ganz gleichgültig ist, ob mein Klient normal ist oder nicht – in eine Art vor- und außergesellschaftlichen Uterus, in dem Begriffe wie Normalität gegenstandslos geworden sind.

Auch auf der Psycho-Szene stellt sich die Beziehung zwischen Angebot und Nachfrage her, die zur Grundregel der Industriegesellschaften geworden ist. Daß diese Regel bei den Dienstleistungen der sozialen Berufe zu weit verwirrenderen Folgen führt als auf dem Gemüsemarkt, ist im Grunde zu erwarten. Ein Beispiel ist die Polizeistatistik: Einerseits ist es das Interesse der Polizisten, ihre Arbeitsplätze zu behalten und den Bedarf an Polizei an einer konkurrenzbestimmten Gesellschaft als ständig wachsend auszugeben. Andrerseits ist es die definierte Aufgabe der Polizei, abweichendes, störendes Verhalten zu vermindern. Es ist klar, wohin die Entwicklung führt: Je mehr Polizisten es gibt, desto mehr Verbrechen gibt es auch. Je mehr Ärzte es gibt, desto mehr Menschen werden für krank erklärt und müssen behandelt werden, je mehr Arzneimittel hergestellt werden, desto mehr Menschen sind ohne sie nicht gesund. Je mehr Psychologen es gibt, desto weniger Menschen sind seelisch »normal«. Der Narzißmus des Experten verlangt gebieterisch, daß er sich im Zweifelsfall für zuständig hält.

Von 1000 untersuchten Kindern in *New York* waren bei 61 Prozent die Mandeln bereits entfernt. Die restlichen 39 Prozent wurden nun einer Ärztegruppe an einer für die Patienten gratis arbeitenden Klinik vorgestellt. Bei 45 Prozent schlugen diese Ärzte eine Mandeloperation vor, den Rest schickten sie ohne Befund nach Hause. Diese übriggebliebenen Kinder wurden nun einer neuen Ärztegruppe vorgestellt, die wiederum bei 46 Prozent eine Tonsillektomie anordneten. Als die zweimal ohne Befund entlassenen Kinder nun ein drittes Mal einer neuen Ärztegruppe zu einer Reihenuntersuchung anvertraut wurden, empfahlen diese wiederum bei einem ähnlichen Prozentsatz die Herausnahme der Mandeln.

Vor kurzem berichtete eine Ärztezeitschrift über ein ähnliches Vorgehen, diesmal bei einer ausgewählten Gruppe *»seelisch Gesunder«*. Diese waren aus einer größeren Menge ausgewählt worden, unter denen sich nach Ansicht der Experten 38 Prozent seelisch Gesunde befanden – eine für solche psychiatrischen Selbstdarstellungen recht typische Zahl. Diese Gesunden erwiesen sich nun in einem dreistündigen, gründlichen Interview als von den verschiedensten seelischen Störungen geplagt – krankhafte Ängste (38 Prozent), allgemeine innere Unruhe (38 Prozent), Kopfschmerzen (35 Prozent), Zwangshandlungen (35 Prozent), depressive Verstimmungen (33 Prozent), Suchtverhalten (30 Prozent), Oberbauchbeschwerden ohne organische Ursache (25 Prozent), Schlafstörungen (22 Prozent) und Partnerkonflikte (22 Prozent).[17]

# 12. Ökotherapie und Psychoanalyse

»Neben den Traumen des Lebens, welche die Krankheit hervorgerufen haben, kommt das bißchen Mißhandlung durch den Arzt nicht in Betracht. Nur daß eben der ungeeignete therapeutische Versuch nichts Gutes für den Kranken geleistet hat.«

*S. Freud**

»Aber das will ich sagen: kein Reich beherrsche ich, weder Gondor noch irgendein anderes, ob groß oder klein. Doch alles, was Wert hat in der Welt, so wie die Dinge jetzt liegen, das steht unter meinem Schutz. Und ich für mein Teil werde mit meiner Aufgabe nicht ganz scheitern, sollte Gondor auch zugrunde gehen, wenn irgend etwas diese Nacht übersteht, das noch gut werden oder Frucht tragen oder in zukünftigen Tagen wieder blühen kann.«

*J. R. R. Tolkien***

* S. Freud, Die Frage der Laienanalyse, Ges. Werke XIV, Frankfurt am Main 1955, S. 266

** J. R. R. Tolkien, Der Herr der Ringe, Bd. III, Stuttgart 1978, S. 28

Wenn es die Gesellschaft ist, die die Kranken krank und die Helfer zu Helfern gemacht hat – dann wäre die Veränderung dieser Gesellschaft doch das einzige, was sich lohnt! Gerade sie scheint aber für die emotional faßbaren, praktischen Möglichkeiten des Individuums so wenig veränderbar wie das Wetter oder die Schwerkraft.

Die meisten von uns verhalten sich in dieser Situation so, wie es wohl naturwüchsig ist für den Menschen, dem seine Kultur zur zweiten Natur wird. Sie denken nicht nach über die Gesellschaft, nehmen sie so selbstverständlich hin wie andere Teile der äußeren Realität auch. Im Winter ist es kalt, man muß einen dicken Mantel haben. Ohne Geld gibt es keine Nahrung, keine Wohnung. Wer sich nicht benehmen kann, hat keine Freunde. Wenn es regnet, wird man naß. Der Arzt ist die Medizin, der Polizist das Recht, das Fernsehen sagt uns, was in der Welt passiert, die wir nicht mit eigenen Augen sehen. Es gibt Störenfriede, die das Geld abschaffen, Bomben legen, einen Krieg anzetteln, den Reichen wegnehmen wollen, was sie schon immer gehabt haben. Das führt nur zu Unruhe und dazu, daß die Lebensbedingungen noch schlechter werden.

Diese Menschen verhalten sich so, als hätte es ebensowenig jemals eine andere Gesellschaftsform gegeben oder würde es jemals eine andere geben, wie sich alle Menschen der Natur gegenüber verhalten. Auf einer Wanderung durch das *Würmtal* ist es mir herzlich gleichgültig, daß an dieser Stelle vor vielen Jahrtausenden ein Gletscher war. Es fällt mir nicht ein, deshalb zu frieren. Genau das verlangen aber die Intellektuellen ständig von einer zähen Mehrheit jener Menschen, denen sie ein *»falsches Bewußtsein«* zuschreiben.

Für den Intellektuellen wird das Bild einer einheitlichen, aus Natur und Kultur gemischten Realität zu einem Vexierbild. Er sieht eine gigantische Gestalt darin, einen Leviathan, ein Ungeheuer, das die Individuen wie winzige Muskel- und Nervenzellen verbraucht. Doch ist diese Gestalt auch für ihn zu groß. Er kann sie nie ganz überblicken, sondern nur einzelne Teile scharf sehen. Von ihnen geht er aus, wenn er seine Vorschläge macht, diesen Giganten zu verstehen und womöglich auch zu verändern. Welche Vorschläge zu solchen Veränderungen werden endlich, auf langen Irrwegen, wirklich bis in solche Tiefen des Giganten vordringen, daß sich die gesellschaftliche Realität ändert?

Wir wissen nur sehr wenig darüber. Sicher scheint jedoch, daß die tatsächlich von dem individuellen Blickpunkt aus wahrgenommenen und erwünschten Veränderungen keine Voraussagen über das ermöglichen, was sich dann tatsächlich in dem Giganten abspielt. Die marxistische Theorie und die Politik der Sowjetunion oder Chinas sind augenfällige Beispiele dafür, aber auch z. B. das Schicksal der psychoanalytischen

Bewegung oder die Verbesserung der christlichen Lehre durch die Großinquisitoren jeglicher Herkunft.

Aus diesen Überlegungen läßt sich der Schluß ziehen, daß wer etwas verändern will, keineswegs sicher sein kann, auch etwas zu verändern. Und umgekehrt kann jener, der nichts verändern will, durchaus etwas verändern. Jeder Mensch, der über sein engstes Klasseninteresse hinausdenkt, wird beispielsweise gegen noch mehr Atomwaffen eingestellt sein und einen Atomkrieg für etwas halten, was es um jeden Preis zu vermeiden gilt. Setzt man die Perspektive etwas distanzierter an, kann man auch darüber nachdenken, ob ein Atomkrieg, der die Industrieländer völlig zerstören würde, nicht auf lange Sicht besser für das Überleben der Menschheit wäre. Freilich würde man bei diesem Gedanken von der (möglicherweise) irrigen Hoffnung ausgehen, daß eine solche Katastrophe die Überlebenden nachdenklich stimmt und ihren Entschluß fördert, die Ausbeutung der Natur zu beenden.

Diese Vorbemerkungen haben aber ihren Zweck erfüllt, wenn sie etwas Toleranz herstellen konnten für eine Haltung, die ich bereits erwähnt habe. Wir sind überfordert, die Gesellschaft zu verändern. Es ist unser Recht, sie zu nehmen, wie der urtümliche Jäger und Sammler die Natur. Wenn wir uns politisch geben, tun wir es für uns selbst, um unsere Angst und Hoffnungslosigkeit zu beschwichtigen. Wir tun es nicht für andere, denn wir wissen gar nicht, welche Folgen unser Handeln für sie haben wird. Die moralisierenden Klagen, die z.B. oft über die »unpolitischen« Jugendlichen laut werden, drücken sehr deutlich den Versuch vieler »politischer« Menschen aus, ihr eigenes Interesse zu einem allgemeinen umzumünzen. Wir sind nicht verpflichtet, uns schuldig zu fühlen, weil die Dinge so sind, wie sie eben sind.

Wenn ich diese allgemeinen Überlegungen auf die Ökotherapie zurückverlege, machen sie vielleicht verständlicher, wie ich selbst so kritisch über die Psychotherapieszene denken und doch weiter in ihr arbeiten kann. Wir können uns heute als Individuen der Gesellschaft gegenüberstellen und sie ins Auge fassen. Das ist nicht selbstverständlich, es setzt eine lange Geschichte voraus, eine Bereitschaft, zu lesen, zu lernen, Privilegien auszuschöpfen, die eben diese Gesellschaft einer Minderheit der sogenannten Intellektuellen anbietet. Was wir sehen, erfüllt uns mit Sehnsucht nach einer Welt, in der die Individuen noch nicht durch Leistungskonkurrenz, Profitwirtschaft, zweckrationale Ausbeutung der Natur und ihrer eigenen Arbeitskraft bestimmt waren (oder sein werden).

Aber unseren geschärften Blick, der die Vorbedingung dieser Wünsche ist, verdanken wir eben jener bürgerlich-kapitalistischen Verwandlung der Gesellschaft, die wir beklagen. Selbst die Vorstellung von persönlicher Erfahrung, von individuellem Glück, von Selbstverwirklichung einer endlich von Warenverkehr und Profitkampf befreiten tropischen Insel ist ein Produkt dieser Gesellschaft. Die Natur ist wunderschön geworden, seit wir wissen, wie eine Raffinerie, ein Eisenwerk, eine Papierfakrik oder ein Autobahnkreuz Wälder und Wiesen verwüsten können. Aber nur dem durch diese Zerstörung geschärften Blick ist sie schön. Niemand weiß, wie wir sie empfinden würden, gäbe es nur strohgedeckte Hütten und Saumpfade in den düsteren Wäldern Mittelerdes.

Die Geschichte der Naturwissenschaft ist eine Geschichte des Versuchs, die Natur rational kontrollierbar und damit verwertbar zu machen. Die Ökologie ist einerseits ein Kind der naturwissenschaftlichen Entwicklung, andrerseits sucht sie eben dieser Entwicklung dort Grenzen zu setzen, wo der Versuch, die Natur zu beherrschen, die natürlichen Kreisläufe und Zusammenhänge zerstört. Die Psychotherapie ist ihr in mancher Hinsicht ähnlich. Sie ist ein Kind der medizinischen und psychologischen Versuche, die seelische Anpassung des Menschen an eine Konkurrenzwelt durchzusetzen, welche die Individuen in vielfältiger Weise überfordert. Zugleich versucht sie aber, diese Welt zu kritisieren und teilweise aufzuheben.

In dem Bestreben, die menschlichen Triebe rational auf eine möglichst eindeutige Erfüllung des bürgerlichen Leistungs- und Profitstrebens hinzustutzen, war das Bürgertum im neunzehnten Jahrhundert zu einer aberwitzigen Sexualunterdrückung gelangt. Lange vor der ersten Blinddarmoperation wurde die weibliche Klitoris amputiert, wurden Eingriffe vorgenommen (und sogar von manchen Ärzten für alle unverheirateten Männer empfohlen), welche Erektionen nur noch schmerzhaft sein ließen. Freud war es, der den viktorianischen Bürgern in diesem Zusammenhang die Fabel von den Schildbürgern erzählte, welche aus lauter Profitgier ihr Stadtpferd verhungern ließen.

Freilich sollte die Bewegung gegen die zweckrationale Verwertung der menschlichen Natur (welche dem zerstörerischen Umgang der Industriegesellschaft mit der Natur schlechthin entspricht) nicht zu weit gehen. Sie sollte beschränkt bleiben auf die Medizin, auf die Behandlung von etwas, was von vornherein als Krankheit des Individuums festgeschrieben war. Solange es dabei blieb (oder dazu wurde; Freud war gegen die Eingliederung der Analyse in das Medizinsystem), war die Psychotherapie nicht nur erträglich, sondern in hohem Maße erwünscht.

Sie paßte zu einer Entwicklung, in der autoritäre, feudale, auf nicht hinterfragten Überlieferungen beruhende Ordnungsmaßnahmen ersetzt werden durch rational faßbare, auf Tauschbeziehungen zwischen freien Individuen beruhende. Der Priester, der Psychoanalytiker wird, erschließt sich neue, individuelle Wirkungsmöglichkeiten, die über seine Funktionen als Amtsträger einer altehrwürdigen, mächtigen, aber längst von den besitzbürgerlichen Kräften mißbrauchten Institution hinausgehen. Er zahlt dafür den Preis, daß er Dienstleistung als Ware auf den Markt bringt, was sich gerade im religiösen Rahmen länger als anderswo den Marktgesetzen entziehen konnte. Subjektiv ist der Priester, der Psychotherapeut wird, überzeugt, daß er das »Eigentliche« an der priesterlichen Tätigkeit auf diese Weise sinnerfüllter leben und verwirklichen kann: Intensive Gefühlsbeziehungen, die beide Beteiligten erfassen und verändern. *»Moderne Theologie kann nur Psychotherapie sein«*, hat mir ein solcher Geistlicher einmal gestanden. Doch um diesen Urzustand der priesterlichen Existenz, das schamanistische Charisma, wiederherzustellen, muß er in eine formelle, professionalisierte Dienstleistung einsteigen.

Diese Tauschgeschäfte sind sehr verbreitet. Der rationale Umgang mit dem Irrationalen sieht so aus, daß man einen Fachmann dafür erfindet. Wenn dieser Fachmann daran zu scheitern droht, daß seine Kolonisierungsarbeit wiederum irrationale, gefährliche Folgen hat, wird ein neuer Spezialist geboren. In der Medizin beispielsweise hat die zunehmende Technisierung von Diagnostik und Therapie dazu geführt, daß die Ärzte immer weniger in der Lage sind, mit ihren Patienten zu sprechen, sich auf sie zu beziehen, einen Kontakt mit ihnen herzustellen. Dabei war die Zuständigkeit für die irrationalen Krisensituationen des Lebens, für Geburt, Krankheit, Sexualität und Tod gerade eine sehr wichtige Aufgabe der Medizin.[18]

Je technischer die Medizin wurde, desto weniger fühlten sich die Kranken bei den Ärzten aufgehoben. Einem wachsenden Bedarf des Patienten, sich geborgen und verstanden zu fühlen (der sich nur noch durch Krankheitssignale ausdrücken konnte), standen zunehmend abnehmende Fähigkeiten der Medizin gegenüber, mit ihren Klienten zu sprechen, ihre irrationalen Erwartungen anzunehmen und zu erfüllen. Also wurden Lehrstühle für medizinische Psychologie geschaffen (wobei man davon ausgeht, daß ein Student seine Fähigkeiten in medizinischer Psychologie beweist, der entsprechende Fragen nach dem Mehrfach-Auswahl-System beantworten kann), es wurden Balint-Gruppen eingerichtet und Weiterbildungen in Psychotherapie organisiert. Ein professioneller, spezialisierter Rahmen wurde geschaffen, um die verlorene Menschlichkeit, das zerstörte ganzheitliche Interesse in der Medizin wiederzugewinnen. In den Balint-Gruppen reden die Ärzte gerade über den nicht-professionellen Anteil der Beziehung – in einem professionellen Rahmen. Sie ermitteln, wo der Patient Gefühle in ihnen auslöst, die eigentlich dem Bruder, der Mutter, dem Vater zuzuordnen sind. Sie lernen, wieder offener und ehrlicher mit dem Patienten umzugehen – im

Rahmen eines speziellen, umgrenzten Zwecks und unter der Anleitung eines Spezialisten.

Die entscheidende Frage ist aber die: Kann auf diesem Weg überhaupt eine Lösung gefunden werden? Oder verschleiert die ständige Produktion neuer Fachleute, neuer psychotherapeutischer Methoden, neuer Märkte für psychologische Dienstleistungen nur die Lage? In diesem Augenblick wäre es zu schön, um wahr zu sein, nun die Ökotherapie als einzig sinnvolle und rechtmäßige Antwort auf diese Frage anzubieten. Aber gerade das Angebot von Lösungen sollte uns mißtrauisch stimmen. Der Krankenhauspsychologe wird das Elend der technischen Medizin ebensowenig beseitigen wie der Ökotherapeut das Elend der Psychotherapie.

Der Unterschied zwischen beiden ist vielleicht der, daß der Psychologe ein wirtschaftliches Interesse haben muß, seine Rolle und seinen Arbeitsplatz zu legitimieren. Der Ökotherapeut hingegen sollte sich von vornherein darauf einstellen, daß ihn seine Kunst brotlos macht. Er muß sein Brot auf andere Weise verdienen, wobei sein Wissen ihm allenfalls hilft, mit weit weniger Verdienst auszukommen als andere Intellektuelle. Der Ökotherapeut sagt sich, daß er in einer gestörten Welt lebt, in der die Beziehungen zwischen Mensch und Natur von Profit, Zweckmäßigkeit, Rationalität bestimmt und damit letztlich feindseliger Art sind. Er weiß, daß diese Form von Beziehung auch seine eigene Beziehung zu seinem Unbewußten, zu seinem Körper und dessen vegetativen Regelungen beeinflußt. Daher ist er bescheiden geworden in seinem Anspruch an sich selbst und an die Heilung von Menschen, die sich als seelisch beeinträchtigt erleben und ihm aus dem Medizinsystem mit den verschiedensten diagnostischen Etiketten zugewiesen werden.

Der Ökotherapeut weiß, daß seine Spezialistenmaske nur Maske ist – Überlebenshilfe in einer Welt, die absurderweise an den Segen der Spezialisten glaubt und jeden benachteiligt, der nicht mitspielt. Um der Gefahr zu entgehen, daß der Fachmann-Heiligenschein an seinem Kopf festwächst und seine Bewegungsfreiheit einschränkt, trägt er ihn wirklich nur dann, wenn es unentbehrlich ist. Das heißt beispielsweise, daß er auf die unverständliche Sprache verzichtet, die doch einen so großen Teil des Nimbus der Spezialisten ausmacht. Er zahlt keine Mitgliedsbeiträge in Standesorganisationen und blickt nicht auf Heilpraktiker oder Prostituierte herab. Manchmal überlegt er, daß der wesentlichste Unterschied zwischen seiner Rolle und der Rolle der Huren darin liegt, daß er mit höherem Alter in der Regel auch höhere Honorare fordert, während es bei den Angehörigen des (neben dem Analytiker) anderen horizontalen Gewerbes umgekehrt der Fall zu sein pflegt.

Die Ökotherapie glaubt und glaubt nicht an den Todestrieb – eine Kraft, die dazu treibt, den individuellen Organismus wieder aufzulösen in seine Bestandteile, in einzelne Zellen oder in die Bausteine der unbelebten Materie. Sie glaubt daran, daß die Industriegesellschaften vom Todestrieb beherrscht sind, solange sie vom Wachstum der Naturbeherrschung und -ausbeutung besessen bleiben. Sie vermutet, daß Freud mit dem Todestrieb tatsächlich dieses gesellschaftliche Geschehen meinte, die unausweichliche Katastrophe einer Lebensform, welche die natürlichen Kreisprozesse aufzehrt, statt in ihnen und mit ihnen zu leben.

Die Ökotherapie glaubt nicht daran, daß der einzelne Organismus an seiner eigenen Auflösung arbeitet. Sie ist im Gegenteil davon überzeugt, daß die Weisheit des Körpers umfassender und wichtiger ist als die Wissenschaft des Bewußtseins. Allerdings dürfen wir uns von Kindheit an nicht nach dieser Weisheit richten und können es auch weder unseren Kindern noch unseren Klienten wirklich ganz ermöglichen, das zu tun. Wir können uns und sie allenfalls zu einigen Schritten mehr in dieser Richtung ermutigen. Die Ökotherapie unterscheidet sich von der Psychotherapie vor allem darin, daß sie mit dem Unbewußten, der Neurose, dem falschen Selbst, dem verdrängten Urschmerz usw. nichts machen will. Solche Macherhaltungen der Psychotherapie sind ein Erbe ihrer medizinischen und pastoralen Ursprünge, in denen es darum ging, die Krankheiten zu heilen und die Seelenverhältnisse zu bessern.

Die Ökotherapie versucht hingegen, die Hindernisse zu beseitigen, die uns davon abhalten, zu Hause zu sein in unserem Körper, ihn nicht als Werkzeug, als lästiges Hindernis geistiger Verwirklichung, als Objekt der verschiedensten Trainings und Übungen vom Yoga bis zur Bioenergetik anzusehen. Das Unbewußte ist dem Körper viel näher als das Bewußtsein. Der Bereich der körperlichen Erfahrung ist weit umfassender und für unsere Stimmungen, unser Glück und Elend entscheidender als unser vom Leistungsdenken beherrschtes Bewußtsein. Die Psychoanalyse vermutet, daß dieses unbewußte Dunkel gefährlich und von zerstörerischen Trieben erfüllt ist. Man darf ihm nicht vertrauen. Die Ökotherapie vermutet, daß dieses Körper-Unbewußte die einzige Kraft ist, der wir wirklich vertrauen dürfen, obwohl wir sie teilweise verdorben haben.

Wir sind in der Situation des Menschen, der unter einer Lampe sucht, was er im Dunkeln verloren hat. Wir müssen zurück in das Dunkel, auch wenn wir an Sicherheit verlieren. Nur dort können wir wirklich ein Zuhause finden. Und je weiter wir ins Dunkle gehen, desto weniger deutlich wird, ob wir in das Dunkel eindringen oder es in uns. Und wenn das ganz gleichgültig geworden ist, können wir vielleicht das noch ungestörte, mit allem Leben auf diesem Planeten verbundene Dunkel finden, dem wir uns wirklich anvertrauen dürfen.

Je mehr der Autor in Gleichnissen spricht, desto weniger kann er sich darauf verlassen, daß seine Leser ihn verstehen. Ich will mich deshalb noch einmal etwas anders ausdrücken. Ich vermute, daß unser Körpergefühl eine weit sinnvollere, zuverlässigere, ökologischere Orientierung in dieser Umwelt erlaubt als unser Denken, unsere Naturwissenschaft, als Psychologie, Philosophie und Medizin, die uns der Zerstörung unserer selbst immer näher gebracht haben. Freilich ist dieses Körpergefühl durch die einseitige Ausbildung unserer zweckrational verwertbaren seelischen Funktionen gestört und verwirrt. Man hat uns jahrelang beigebracht, ihm zu mißtrauen und den Aussagen der medizinischen, psychologischen, theologischen Fachleute zu vertrauen.

Letztlich ist die Orientierung an diesem Gefühl die verläßlichste, auch wenn sie uns zunächst in Irrtümer stürzen und unsere Verwirrung noch vergrößern mag. Ertragen wir diese Unsicherheit und Verwirrung, dann erreichen wir ein Stück der ursprünglichen Weisheit der gefühlsbestimmten, magischen, körperlichen Orientierung. Sie läßt sich weder bewußt finden noch festhalten noch steuern, und ist doch verläßlicher als alles, was wir machen können, weil sie Anteil an einem Lebensprozeß hat, der weit über unser Denken, über die zweckmäßige Verwertung unserer selbst und unserer Umwelt hinausgreift.

# 13. Grundsätze der Ökotherapie

»Wenn aber der ›Nervenarzt‹ seine Kranken nicht herstellt, so verwundert sich niemand darüber. Man ist durch die Erfolge der Therapie bei den Nervösen nicht verwöhnt worden, der Nervenarzt hat sich wenigstens ›viel mit ihnen abgegeben‹. Da läßt sich eben nicht viel machen, die Natur muß helfen oder die Zeit. Also beim Weib zuerst die Menstruation, dann die Heirat, später die Menopause. Am Ende hilft wirklich der Tod.«

*S. Freud**

»Jetzt kniete sich Aragorn neben Faramir nieder und legte eine Hand auf seine Stirn. Und diejenigen, die zuschauten, spürten, daß irgendein großer Kampf ausgefochten wurde. Denn Aragorns Gesicht wurde grau vor Erschöpfung; und immer wieder rief er Faramirs Namen, doch jedesmal hörten sie ihn leiser, als ob Aragorn selbst fern von ihnen sei und in irgendeinem dunklen Tal wandere und jemanden rufe, der sich verirrt hatte.«

*J. R. R. Tolkien***

* S. Freud, Die Frage der Laienanalyse, Ges. Werke XIV, Frankfurt am Main 1955, S. 265

** J. R. R. Tolkien, Der Herr der Ringe, Bd. III, Stuttgart 1978, S. 156

Ökotherapie ist der Versuch, den Menschen der entwickelten Industriegesellschaften wieder in seinem Körper zu beheimaten und dadurch die Abhängigkeit von einem umweltzerstörenden System zu beseitigen, die sich vor allem als Abhängigkeit von Experten äußert. Was das konkret bedeutet, will ich in einigen Grundthesen und in einer Kritik verschiedener Therapie- und Selbsterfahrungspraktiken aufzeigen.

1. *Bei sich selbst beginnen:* Das destruktive Modell der Industriegesellschaft sieht so aus, daß Gremien objektiver Fachleute aus völlig anonymen, zweckrationalen Gründen entscheiden, welche Formen der Umweltzerstörung wo stattfinden sollen – wer die Schnellstraße in den Vorgarten, wer den Atommeiler an den Fluß bekommt. In der Medizin ist die Diagnose auf ähnliche Weise objektiviert und unangreifbar. Kein Wunder, daß solche Formen z.B. den Jugendlichen nicht mehr vermittelbar sind, daß sie Politiker und Experten nicht mehr ernst nehmen, weil diese sich in einen Mantel unangreifbarer Objektivität hüllen. Der Ökotherapeut gibt seine subjektiven Empfindungen preis, seine Betroffenheit, sein eigenes Interesse an dem, was er vorschlägt. Er versucht dabei auch, sich klarzumachen, daß diese Preisgabe immer unvollständig bleiben wird. Sie ist ihrerseits von der Gefahr bedroht, zweckrational eingesetzt zu werden:

   Der Therapeut verwendet dann eine kontrollierte Form von Offenheit und spontanem Gefühlsausdruck, um bestimmte Ziele zu erreichen. Damit macht er seine Rolle als Experte, der entmündigt, noch schwerer durchschaubar. Durch den unaufdringlichen Verzicht auf überlegene Objektivität soll der Ökotherapeut die Subjektivität seines Gesprächspartners fördern. Oft wird das konkret dazu führen, daß er die zunächst an ihn gerichteten Erwartungen enttäuscht – die Hoffnung, als Experte von außen praktisch verwertbare Ratschläge zu liefern, die Entscheidung über »richtig« und »falsch« zu treffen.

   Bei sich selbst beginnen, heißt auch, eigene Schwierigkeiten nicht in der Hilfe für andere zu verschleiern. Es heißt nicht, daß der Helfer in jedem Punkt vorbildhaft sein muß – daß er seinem Partner nur dort helfen kann, wo er bereits einen Schritt voraus ist. Diese Position überträgt Teile der bürgerlichen Konkurrenz und Vollkommenheitsansprüche auf die Therapie. Der Ökotherapeut braucht Freunde, mit denen zusammen er selbst immer wieder bei sich beginnen, seine Ängste ausdrücken kann. Offenheit gegenüber seinen Klienten bedeutet nicht Befriedigung durch den Klienten, sondern Arbeit für den Klienten.
2. *Die überflüssige und die unausweichliche Störung:* Die Offenheit zwischen dem Ökotherapeuten und seinem Partner soll möglichst die Rationalisierungen aufheben, welche üblicherweise die Interessen

des Therapeuten verschleiern (z.B. daß es *»gut für die Therapie«* ist, wenn der Klient durch sie finanziell belastet wird). Schrittweise soll auch deutlich werden, daß die ungleiche Situation zwischen dem therapeutischen Experten und dem hilfesuchenden Laien Teil einer umfassenden, gesellschaftlichen Störung ist, der beide – Ökotherapeut wie Klient – nicht entrinnen können. Es sollte ihnen aber gelingen, auf diese Weise nicht mehr unüberlegt mitzuspielen und beispielsweise reale Überforderungen durch das System der Naturausbeutung als Ausdruck eines persönlichen, neurotischen oder psychotischen Versagens zu sehen.

Unbegrenztes emotionales Wachstum, wie es manchmal in Angeboten der Psycho-Szene verheißen wird, ist ebenso töricht wie unbegrenztes wirtschaftliches Wachstum. Es entfremdet den Betroffenen seinem eigenen seelischen Gleichgewicht, verhindert, daß er in sich selbst zu Hause sein, sich auch mit dem unausweichlichen Stück Störung annehmen kann, das mit dem Leben in einer gestörten Umwelt einhergeht. *Ökotherapie ist nicht Heilung, sondern Klärung der überflüssigen und der unausweichlichen Störung. Wer behauptet, unter den Bedingungen des modernen Arbeitslebens nicht zu leiden, verleugnet häufig ein Stück seiner Gefühle. Doch so zu leiden, daß selbstschädigende psychosomatische Krankheiten entwickelt werden, anstatt sich durch eine nüchterne, weniger überfordernde Haltung gegenüber der Berufsarbeit zu entlasten, ist überflüssig, d.h. ein Ansatzpunkt für eine Therapie.*

*Musterbild des überflüssigen Leidens sind die Störungen, die dann auftreten, wenn der Betroffene sein kindliches Schicksal szenisch immer wieder herstellt, ohne sich rechtzeitig klar darüber zu werden. Man sollte meinen, daß spätestens hier der Fachmann für das Unbewußte unentbehrlich sind. Doch glaube ich, daß es auch notwendig ist, zu sehen, daß die Unentbehrlichkeit eines solchen Fachmanns mit einem Verarmungsprozeß der zwischenmenschlichen Wirklichkeit zusammenhängt. Wenn der Fachmann ehrlich ist, wird er auch vermitteln, daß er selbst nicht weniger Opfer dieser Verarmung ist als sein Klient.*

*Die Grenze zwischen der überflüssigen und der unausweichlichen Störung kann nur dann geklärt werden, wenn die erste These erfüllt ist. Nur dann lassen sich die beiden Gefahren vermeiden, die mit diesem Gesichtspunkt aufkommen: daß der Therapeut seine eigene Unfähigkeit, dem Klienten weiterzuhelfen, dadurch verschleiert, daß er eine unausweichliche Störung annimmt, oder daß umgekehrt der Klient dem Therapeuten zur Last legt, was unausweichliches Schicksal in seiner gegenwärtigen Situation ist. Ich glaube, daß eine Entscheidung darüber nicht aufgrund der typischen Experten- und Leistungsmerk-*

*male getroffen werden kann, die eher Verschleierung und Verleugnung fördern (ist der Therapeut »gut« ausgebildet? ist die Behandlung »indiziert«? ist der Klient »kooperativ«?). Förderlich scheint mir eher, daß beide Beteiligten offen darüber sprechen können, ob sie ihrem Gefühl nach genug oder zuwenig getan haben. Es mag durchaus vorkommen, daß ein Therapeut bei einem Klienten das Gefühl hat, er habe zuwenig getan, während er bei einem anderen seine Mittel wirklich ausgeschöpft hat.*

3. *Von der Natur lernen:* Ökologie ist zwar auch eine Naturwissenschaft, doch scheint mir dieser Charakter peripher. Es geht mehr um das Naturgefühl – um die emotionale Beziehung zu allem, das wächst und nicht unfruchtbar ist. Die Naturwissenschaft hat sich unter großen Anstrengungen, im Hintergrund durch die Verwertungs- und Kontrollbedürfnisse des Kapitalismus bestimmt, von allem Irrationalen außer der verborgenen Unvernunft der Konkurrenz- und Profitwirtschaft befreit. Das Gefühl für die Schönheit eines natürlichen Lebenszusammenhangs (eines »Biotops« oder einer in Jahrhunderttausenden gewachsenen Landschaft) ist für mich wesentlicher als der rechnerische Beweis für die Stabilität differenzierter Ökosysteme. Im ersten Fall trete ich in unmittelbaren Kontakt mit der Natur, im zweiten Fall in einen indirekten, technisch gemachten. Der zweite Fall ist der Notbehelf, die Argumentationshilfe gegenüber Menschen, die blind geworden sind gegenüber allem, was sich nicht rational fassen läßt.

   Das Gefühl für die natürlichen Verbindungen zwischen unserer Empfindung und der Gesundheit, der Ausgewogenheit einer Landschaft erlaubt viel fundiertere Aussagen. Wahrnehmendes Subjekt und wahrgenommenes Objekt hängen unmittelbar zusammen, sind Teil derselben Natur, derselben Entwicklungsgeschichte. Lange vor allem Wissen über den Zusammenhang zwischen Kapitalismus, Naturausbeutung, Vergesellschaftung und Profitmaximierung empfand ich einen ästhetischen Widerwillen gegen die gestaltlosen Trabantenstädte, gegen die baumlosen Schnellstraßen, gegen die Schachtelhäuser, welche die gewachsenen Kerne von alten Dörfern oder Städten auffraßen wie ein unaufhaltsam immer wieder die gleichen, tödlichen Zellen produzierender Tumor. Dieselben Gefühlsqualitäten stellen sich ein, wenn ich beispielsweise einen Fichten»wald« – eine Monokultur zur maximalen Holzproduktion – mit einem Mischwald vergleiche. Das schönere ist auch das stabilere Ökosystem.

   Der Erwerb ökologischen Wissens geht (im Gegensatz zu den meisten anderen Formen des Wissens) in zwei Richtungen vor sich:

   - einer regressiven, wo wir uns mehr auf unsere Gefühle verlassen und diese differenzierter wahrnehmen

- einer progressiven, wo wir Informationen über Tatsachen und Zusammenhänge erwerben.

Der Wissenserwerb in der Therapie ist ganz ähnlich; nur wenn beide Richtungen sich ergänzen, wird das Ergebnis günstig sein, weil sich nur dann die Fehler ausgleichen lassen, die durch unsere lange Tradition der Naturvergewaltigung und -ausbeutung entstehen müssen. Das Gefühl sagt mir, was zu tun ist; die Überlegung sagt mir, was ich besser sein lasse. Mir fallen Szenen aus der Gruppentherapie ein, in denen ich etwas Ungewöhnliches tat – ich wartete nicht mehr ab und versuchte zu verdeutlichen, was geschah, sondern wurde spontan aktiv. Einmal nahm ich z.B. einen jungen Mann in die Arme, der eben erzählte, wie seine Mutter Selbstmord begangen hatte. Wir waren uns noch nicht nahe gekommen bisher, er konnte mit meiner ironischen Art wenig anfangen, und mir mißfiel sein verbissener Ernst. Wenn ich es mir im nachhinein überlege, war die Umarmung auch deshalb nicht falsch, weil auf dieser körperlichen Ebene unsere Schwierigkeiten, mit der Ausdrucksweise des anderen klarzukommen, nicht mehr auftraten. Aber sie war »richtig«, weil ich mich danach fühlte und spontan handelte.

Von der Natur lernen heißt die gefühlsbestimmten, »intuitiven« Möglichkeiten der Erkenntnis nutzen und anzuerkennen, daß letztlich sie es sind, die uns mit anderen Menschen, aber auch mit Pflanzen, Tieren, mit dem Wind, dem Himmel und den Flüssen verbinden. Es heißt auch: von den Naturvölkern lernen. So werden wir sehen, daß jeder sogenannte Kulturfortschritt mit einem Verlust an umfassender Einfühlung und ökologischer Stabilität einhergegangen ist. Wir können unserer Intuition nicht mehr blind vertrauen, ebensowenig wie wir das Wasser unserer Flüsse ungereinigt trinken können. Aber das sollte uns nicht dazu führen, zu verleugnen, wie es eigentlich sein müßte, und unsere technische Haltung als die überlegene auszugeben. Unser technisches Wissen wird sich immer nur selbst bestätigen und fortpflanzen, es kann uns den Weg zurück zu dem verlorenen oder nach vorne zu einem neuen Gleichgewicht nicht zeigen. Das kann nur die Intuition – und wir können nur hoffen, daß unser technisches Wissen und naturwissenschaftliches Denken ausreichen, die Mängel auszugleichen, die sie durch ihre einseitige Anwendung und ihren übermächtigen Einfluß auf die Erziehung an der Intuition verschuldet haben. Es kommt darauf an, das wissenschaftliche Denken gegen sich selbst zu richten, es sich in sich, in einer Art Bürgerkrieg zu lähmen, um Raum zu schaffen für die Rückkehr der gefühlsbestimmten Einsicht.

Anders als Freud, der das Bild des Neurotikers auf den urtümlichen Wilden projizierte und Übereinstimmungen in beider Seelenleben erkannte, nimmt der Ökotherapeut den Wilden mit in sein Behandlungszimmer und benützt ihn als Modell, um dem kranken Zivilisationsmenschen ein Stück alternative Phantasie zu ermöglichen. (Der Traktat über den *Papalagi*, in dem ein fiktiver Polynesier über die Weißen spricht, steht unter diesem Aspekt der Ökotherapie näher als *»Totem und Tabu«*.) Ich finde es beispielsweise durchaus erwähnenswert, daß die Lebensform, an die wir uns die längste Zeit genetisch anpassen konnten – Jäger und Sammler in tropischen Zonen der Erde –, mit maximal zwei Stunden Arbeit am Tag auskommt (wobei Kinder, Alte und Schwangere überhaupt nicht arbeiten). Mit einigen Frauen, die meine Kollegen hysterisch zu nennen pflegen, bin ich viel besser zurechtgekommen, als ich mir klarmachte, daß ihr scheinbar übersteigertes Bedürfnis nach Zuwendung auch ein Stück einer urtümlichen Haltung ist, in der es eben die für unsere Gesellschaft typischen *»geschäftsmäßigen«* Beziehungen zwischen Menschen nicht gibt. Ein anderer Fall, in dem der Wilde als Lehrer auftritt, ist das in der Therapie gar nicht seltene Problem einer mangelhaften Übereinstimmung zwischen dem, was als »richtiges«, »erwachsenes«, dem zahlenmäßig festgelegten kalendarischen Alter entsprechendes Verhalten angesehen wird, und dem, was sich der Betroffene wünscht. Wer von einer ansteigenden Reihe von Jahren eine fortschreitende Perfektionierung seiner selbst erwartet, drückt aus, wie tief ihn das Fortschrittsdenken prägt und wie sehr er den Zugang zu seinen zyklischen Gefühlen verloren hat – zu jenem Bereich, in dem Ernst und Spiel, Nähe und Distanz, Wachsamkeit und Entspannung sich kreisförmig entfalten. Das eigene Alter als Summe von Jahren zu sehen und mit einem fiktiven Standard zu vergleichen, ist eine lebensfeindliche Erfindung von Buchhaltern. Erwachsene sind kindisch, Kinder erwachsen, Greise jung und Teenager uralt, je nachdem. *»Er ist sechseinhalb Jahre jünger als ich. Kann ich ihn heiraten?« »Soll ich mit Vierzig noch Kinder kriegen?« »Mit Fünfundvierzig ist man einfach zu alt, um sich noch einmal umzustellen und ganz anders zu leben.« »Vergiß den Kalender«*, sagt der hilfreiche Wilde, *»wir haben ihn eine halbe Million Jahre nicht gebraucht.«*

Die Aufgabe des Urbildes eines Ökotherapeuten, des Schamanen, Medizinmanns, Hexendoktors der Primitivkulturen war es immer, nicht das Individuum zu heilen, sondern Ordnung und Ausgewogenheit im Zusammenhang von Individuum und Kosmos wiederherzustellen. Daher die Reise ins Geisterland, die Verwendung der komplizierten Riten und Sandbilder bei den *Navajos*, die Gesänge bei den *Eskimos* oder die Trancetänze der *Buschmänner*. Sie alle drücken den Versuch aus, das leidende Einzelwesen mit der umgebenden Natur zu verbinden und es durch diesen Kontakt gesunden zu lassen. Sicher gibt es auch Tricks und Suggestion bei den Medizinmännern. Aber aus der Tatsache, daß diese den westlichen Forschern und vor allem den Missionaren am wichtigsten waren in ihren Beschreibungen, läßt sich sicher keine ebensolche Bedeutung dieser technischen Vorgehensweisen in der Primitivkultur selbst erschließen. Die Völkerkunde hat eine zu lange Tradition der abschätzigen Entlarvung der Primitiven und noch viel zuwenig Wissen darüber, wodurch sie ihr ökologisches Gleichgewicht soviel besser aufrechterhalten konnten, als es den angeblich fortgeschritteneren Kulturen des Westens möglich ist.

Ich finde den Gedanken faszinierend, daß das mythische Weltbild der Primitiven zwar in jeder Einzelheit durch unsere besseren Detailkenntnisse ersetzt werden kann, daß aber zugleich diese Detailkenntnisse unser Gefühl für die Ganzheit des Lebens und unsere Sicherheit darin zerstören. Ich habe vorher von dem Giganten gesprochen, der weder als ganzer überschaut noch planmäßig gelenkt werden kann. Im Gegensatz zu diesem Bild der Industriegesellschaft ist die Primitivkultur als Ganze erlebbar und wohl auch auf eine Weise lenkbar, die nichts mit technischer, bewußt geplanter Veränderung zu tun hat. Unsere Geringschätzung der *Ganzheit*[19] ist verknüpft mit der Geringschätzung des *Gefühls*. Beide zusammen werden in der gegenwärtigen Technokratie verachtet, und die tödlichen Folgen dieser Verachtung können wir jeden Tag verfolgen. Daß ein an der Ganzheit orientiertes Vorgehen in Einzelheiten wegen seiner Primitivität kritisierbar ist, erhält nur dann einen abschätzigen Unterton, wenn die Bedeutung der ganzheitlichen Sichtweise für eine wirklich lebensfähige Orientierung nicht mehr erkennbar ist.

Vorausbedingung dafür ist wohl, daß die Umwelt in einzelne reale oder potentielle Waren zerlegt wird, von denen jede einzelne möglichst viel Nutzen erbringen soll. Parallel dazu zerlegt sich das Individuum in einzelne Fähigkeiten, die ebenfalls kontrollierbaren Nutzen bringen sollen. So wissen die Teile bald nicht mehr ums Ganze, jeder bläht sich für sich selber auf. Hier wird auch deutlich, wie töricht es ist, Entscheidungen aufgrund von Gutachten zu treffen, die von einer Gruppe Experten aufgestellt worden sind. Das Spiel von des Kaisers neuen Kleidern wird hier fast jeden Tag aufgeführt. So wurden jüngst nach zehnjährigem, fruchtlosem und enorm teuerem Experimentieren die Versuche zur Energiegewinnung durch Kernfusion nicht mehr im bisherigen Umfang mit öffentlichen Geldern finanziert. Obwohl den nicht unmittelbar an Karrieren und Geldern innerhalb dieses Projektes interessierten Physikern schon seit Jahren die Aussichtslosigkeit der ganzen Sache klar war, erhob sich großes Gezeter.

4. *Das Dunkel nicht deuten:* (Deutungen zugänglich ist nur die Flucht ins Licht). Der Sinn von Deutungen ist es, in einem festgefahrenen inneren Zustand neue Ansätze zu gewinnen, z.B. Zusammenhänge herzustellen, die bislang undeutlich waren. Ihr Nutzen kann groß sein, wenn die Deutung dem Klienten Anstöße gibt, die in ihm weiterarbeiten und ihn vom Therapeuten unabhängiger machen. Ihr Schaden kann groß sein, wenn die Deutung dazu führt, daß der Klient vom Therapeuten abhängig wird und dazu kommt, anzunehmen, er könne ohne ihn gar nicht mehr zu einer eigenen inneren Klarheit kommen. In diesem Fall wird die Deutung zum technischen Mittel der Verwertung eines Menschen durch einen anderen, der Ausbeutung durch ein Sprachspiel, das ein Experte einem Laien aufzwingt, der sich nicht wehrt, weil er Hilfe sucht. Die Deutungen geraten zur Suche nach selbstversteckten Ostereiern, mit deren Auffinden sich der Schwächere dem Stärkeren denunziert. *»Ich weiß schon, es ist wieder meine Ambivalenz.«*

   Für den Ökotherapeuten sind Deutungen nicht mehr, aber auch nicht weniger als ein Ausdruck dafür, daß er auf seine Weise bereit ist, den Weg des Klienten mitzugehen, der ihn zurück in seine eigene Dunkelheit, in die zu früh und einseitig geordnete Innenwelt führt. Für den Klienten ist es wichtiger, Vertrauen in seine eigenen Fähigkeiten zu gewinnen, sich dem Dunkel des Körper-Unbewußten, der Stimmungen und Träume auszuliefern, sie in ihren zyklischen Verläufen zuzulassen und aus ihnen Klarheit über seine Wünsche und Entspannungsmöglichkeiten zu gewinnen. Dieses Vertrauen kann nicht dadurch wachsen, daß jemand erklärt, was in dem Dunkel zu sein pflegt: Das ist dann das von einer therapeutischen Technik erwartete Dunkel, nicht das wirkliche, persönliche, unaustauschbare Dunkel des Klienten. Dennoch mag der Ökotherapeut für einige Zeit hilfreich sein, denn es ist für die meisten von uns (auch für ihn) schwierig, bei der Sache zu bleiben und nicht frühzeitig umzukehren auf der Suche nach dem gewohnten, hellen Gefängnis.

5. *Entbehrlich bleiben:* Die seelisch verstörten Kinder der Industriegesellschaft klammern sich an die Psycho-Experten – und die Psycho-Experten klammern sich an ihre Klienten. Wird diese gegenseitige Abhängigkeit deutlicher, gerät der Experte in Gefahr, zu werden, was er sein sollte, aber nicht gerne ist: überflüssig. Der Ökotherapeut ist gerne entbehrlich – gerade deshalb ist er meist nicht überflüssig. Er hat Nebenberufe, denen er gerne seine Zeit widmet, oder er hält sich an die Wilden, die ebenfalls mit zwei Stunden Arbeit am Tag auskommen. Seine persönlichen Bedürfnisse sind ohnedies beschei-

den; er repariert lieber alte Sachen, als sich neue zu kaufen. Er ist nicht vielbeschäftigt und hat nicht jede Stunde seines Tageslaufs für seine hilfreiche Tätigkeit verplant. Er hat viele Freunde – es sind frühere Klienten darunter, aber auch solche, die sich gar nicht vorstellen könnten, zu ihm in Therapie zu kommen.

Andrerseits ist er geduldig und hält oft jahrelang mit einem Klienten aus, der ihn wirklich braucht. Er hält nicht viel von hochtrabenden Ausdrücken *(»Gegenübertragungsanalyse« – »intensive Supervision« – »ein schwerer Borderlinefall – das ist doch nichts für einen Anfänger« – »gesunde Ichkerne suchen«)*, aber er bemüht sich, ein liebenswürdiger Zuhörer zu sein und nicht beleidigt, wenn man seine Berufsauffassung kritisiert. Er arbeitet in der Therapie lieber mit Gruppen als mit einzelnen Personen, weil er in der Gruppe ein größeres Stück Umwelt mitgestalten kann und auch weniger Abhängigkeit von seiner Expertenrolle zu erzeugen glaubt. Und er glaubt nicht, zu heilen, aber er versucht, sich und anderen das Überleben in einer kranken Welt zu erleichtern.

Das klingt ziemlich persönlich, aber der Dargestellte bin nicht ich. Ich möchte aber ganz gerne so werden wie er, und dazu ist es auch notwendig, daß ich den (und die) Psychotherapeuten und ihre Methoden genauer ins Auge fasse.

# 14. Therapie ohne Technik

»Lassen wir die Kranken selbst die Entdeckung machen, daß es schädlich für sie ist, seelische Hilfe bei Personen zu suchen, die nicht gelernt haben, wie man sie leistet. Klären wir sie darüber auf und warnen sie davor, dann werden wir uns erspart haben, es ihnen zu verbieten. Auf italienischen Landstraßen zeigen die Leitungsträger die knappe und eindrucksvolle Inschrift: Chi tocca, muore. Das reicht vollkommen hin, um das Benehmen der Passanten gegen herabhängende Drähte zu regeln. Die entsprechenden deutschen Warnungen sind von einer überflüssigen und beleidigenden Weitschweifigkeit: Das Berühren der Leitungsdrähte ist, weil lebensgefährlich, strengstens verboten. Wozu das Verbot? Wem sein Leben lieb ist, der erteilt es sich selbst, und wer sich auf diesem Wege umbringen will, der fragt nicht nach Erlaubnis.«

*S. Freud**

Frodo sah wieder auf den Berg. »Nein«, sagte er, »auf diesem Weg werden wir nicht viel brauchen. Und an seinem Ende gar nichts.« Er nahm seinen Orkschild, schleuderte ihn fort und warf seinen Helm hinterdrein. Dann zog er den grauen Mantel beiseite, schnallte den schweren Gürtel auf und ließ ihn fallen, und das Schwert mit der Scheide dazu. Die Fetzen des schwarzen Mantel zerriß er und verstreute sie.

»So, ich will kein Ork mehr sein«, rief er. »Und ich will keine Waffe tragen, sei sie nun schön oder häßlich. Sollen sie mich fangen, wenn sie wollen!«

*J.R.R. Tolkien***

* S. Freud, Die Frage der Laienanalyse, Ges. Werke XIV, Frankfurt am Main 1955, S. 270

** J.R.R. Tolkien, Der Herr der Ringe, Bd. III, Stuttgart 1978, S. 241

Die Ökotherapie ist keine neue psychotherapeutische Technik, sondern eine *neue Einstellung* zu den verschiedenen, von manchen Experten auf bis zu hundertfünfzig geschätzten Methoden der Psychotherapie. Es geht hier nicht darum, eine Darstellung dieser Methoden zu liefern, zumal man die meisten wohl nur durch gründliche eigene Erfahrung – sowohl als Klient wie als Therapeut – beurteilen kann.

Die Anwendung einer psychotherapeutischen Methode ist eine technische Fiktion, aus einer Maschinenwelt in die zwischenmenschliche Welt übertragen, in der sie letztlich nicht am Platze ist. Es hat sich beispielsweise gezeigt, daß Therapeuten verschiedener Methoden (z. B. Verhaltenstherapie/Analyse), die länger praktizieren, sich in ihren Äußerungen mehr gleichen als solche Therapeuten zu Beginn ihrer Tätigkeit. Von mir befragte Kollegen bestätigten, daß die Methode um so unwichtiger ist, je besser man gelernt hat, sich in der therapeutischen Situation »echt« zu verhalten und sich in ihr wohl zu fühlen.

Die Methode dient teilweise dazu, die Angst vor der therapeutischen Situation zu kontrollieren. Das gilt für beide Beteiligten – für den Therapeuten wie für den Klienten. Beide haben Angst vor einer Situation, von der keiner weiß, wohin sie führen kann. Sie suchen diese Angst mit dem bewährten Modell der Leistungsgesellschaft zu kontrollieren: Das richtige Verhalten ermitteln und sich dann bemühen, sich an das gefundene Idealbild anzupassen. Am Anfang meiner Analyse war ich überzeugt, etwas falsch gemacht zu haben, wenn ich Widerstand (wie Schweigen, Versiegen der Einfälle, Schläfrigkeit) bei mir bemerkte – und ich empfand die sparsamen Äußerungen meines Analytikers in dieser Richtung als Vorwurf und schlechte Zensur.

Denken an die Methode und Festhalten an einer bestimmten Technik sind Zeichen dafür, daß ein Veränderungsprozeß in der Therapie noch vermieden wird. Eine Befreiung von der Tyrannei maschinenmäßiger Leistungsideale, eine Hinwendung zu den zyklischen, sich selbst regenerierenden Lebensprozessen des Gefühls, der spielerischen Phantasie findet noch nicht statt. Die berufliche Rolle wird in der Regel von der psychotherapeutischen Schule mitbestimmt. Ein Therapeut formuliert seine Erfahrungen meist in der Sprache seiner Schule, er hat mit Angehörigen seiner eigenen Richtung mehr Kontakt als mit denen anderer, und er wird in der Regel behaupten, daß seine Vorgehensweise in den meisten Fällen gut und zumindest in einigen jeder anderen überlegen ist.

Wie alle Fachleute auf Gebieten, in denen es wegen der Unübersichtlichkeit des Gegenstandes keine einhellige »Lehrmeinung« gibt, sind auch die verschiedenen Psychotherapeuten innerlich gespalten, wenn sie die Arbeit von Kollegen beurteilen. Dem Willen, die eigene Profession zu schützen und dem Stand nachteilige, abschätzige Aussagen zu vermeiden, steht eine heimliche Neigung gegenüber, die eigene Allmacht zu verteidigen und allen anderen Arbeitern in diesem Weinberg abzusprechen, daß diese mehr erreichen als man selber – im Gegenteil!

Unter Lehrern, Ärzten, Rechtsanwälten oder Pfarrern ist die Neigung verbreitet, sich zwar nicht direkt an den Pelz zu gehen, zugleich aber auch kein gutes Haar aneinander zu lassen. Die Therapeuten haben von allen ein gutes Stück, und ihre wechselseitigen Aggressionsrituale sind durch die Vielfalt der Methoden ebenso vielfältig. Das Reden über die Methoden dient nicht nur dazu, Angst zu vermeiden, sondern auch Aggression indirekt auszudrücken. Es ist manchmal wie mit den Waschmitteln: Sauber, (scheinbar) sauber waschen die anderen auch, wirklich rein wird die Sache aber nur durch das eigene Prinzip. Neue Methoden sind noch nicht erprobt – alte nicht wirksam.

Jede neu eingeführte Technik illustriert ihre Erfolge mit einem Zerrbild der Vergangenheit, wobei es ihr sehr zustatten kommt, daß eine Menge Leute herumlaufen, die mit den bisherigen Methoden unzufrieden sind, während es noch keine gibt, die mit den neuen Wundermitteln unzufrieden sind. Eine Zeitlang fingen manche verhaltenstherapeutischen Fallgeschichten mit Vorbemerkungen an wie *»trotz fünfjähriger psychoanalytischer Behandlung hatte sich die Symptomatik nicht wesentlich verändert«*, was naturgemäß die Bühne für einen dramatischen Erfolg der neuen Methode bereitete. Die Urschrei-Methode wurde später mit ähnlichem Marktgeschrei eingeführt. Inzwischen ist es stiller geworden – wohl deshalb, weil inzwischen auch manche Psychoanalytiker ihre Fallgeschichten wiederum mit ähnlichen Eröffnungen über gescheiterte Verhaltens- oder Primärtherapien versehen könnten.

In der Konsumwelt wird die Ware zur käuflichen Mutter: Sie soll als Ersatzbefriedigung ersetzen, was durch den Mangel an emotional erfaßbarem Sinn verlorengeht. Da die Gesellschaft vorwiegend verkümmerte, auf Zweckmäßigkeit und Verwertung abgestellte Tätigkeiten anbietet, schwinden auch die Möglichkeiten, im Rahmen der »normalen« Teilnahme am Produktionsprozeß eine Befriedigung zu finden, die das Gefühl und die tieferen Schichten der Persönlichkeit anspricht. Die »normalen« Beziehnungen, beispielsweise zu den Kollegen am Arbeitsplatz, werden ähnlich ihrer Gefühlshaftigkeit, ihrer Chancen, Geborgenheit und Nähe zu gewähren, beraubt. Um die entstehende Unzufriedenheit zu beheben, kann eine fortschrittsbesessene Gesellschaft nur etwas Neues, Fortschrittliches erfinden. Zu diesen Erfindungen gehören nicht nur die verschiedensten Warenwelten, sondern auch die Dienstleistungen auf dem Therapiesektor. In ihnen wird noch deutlicher, was im Konsumieren verschleiert bleibt: daß es nicht um Dinge geht, die verkauft werden, sondern um den immer vergeblichen und deshalb fast grenzenlos wiederholbaren Versuch, ein neues, besseres Lebensgefühl zu verkaufen, also nicht Zigaretten, Autos, Waschmittel, Weichspüler oder Möbel.

Die Aufblähung der Therapiemethoden zu einem immer weniger überschaubaren Durcheinander der verschiedensten Versprechungen hängt damit zusammen, daß immer mehr von der Therapie verlangt wird, nicht nur den lösbaren unbewußten Konflikt, sondern auch das unlösbare Defizit, den Mangel an Sinn und an befriedigenden Arbeits- und Wirkungsmöglichkeiten zu beheben. Da die Therapie das nicht leisten kann, aber auch nicht zugeben darf, daß sie es nicht leisten kann, werden immer neue und immer mehr Therapiemethoden eingeführt.

Fast alle Therapiemethoden versprechen, die menschliche Natur, die Ursprünge, die realen Gefühle, das wirkliche Selbst zu befreien. Als Ursache für die Notwendigkeit einer solchen Befreiung wird vorwiegend das Versagen der Eltern angesehen. Unberücksichtigt bleibt, daß die Familie vollständig überfordert ist, wenn sie den gesamten Bedarf an emotional faßbarem Lebenssinn decken soll. Sie kann nicht als gesunde Urzelle der Gesellschaft in einer zerstörten Umwelt und in einer zerstörerischen, an Profit und Verwertung orientierten Wirtschaftsform die Herstellung gesunder Individuen gewährleisten. Die am häufigsten beschriebenen *»Fehlverhaltensweisen«* der Eltern hängen mit dieser Situation der Familie zusammen: *»Überbeschützende«* Mütter, welche ihre Kinder narzißtisch mißbrauchen, sie zu ihren eigenen Therapeuten und Selbstgefühlsverbesserern machen *(»Das Drama des begabten Kindes«*[20]*)* – oder Eltern, welche ihre Kinder vernachlässigen, ihnen keine emotionale Zuwendung geben, sie ins Konsumieren, vor den Fernseher, in die Säuglingskrippen und Kinderheime abschieben.

Das Familienmodell der Psychotherapie drückt die Blindheit der Therapeuten für die ganze Gesellschaft aus. Sie selbst und ihre meist der kleinbürgerlichen Mittelschicht angehörenden Patienten leiden an ihrer allzu konsequenten Erfüllung der Ideale einer umwelt- und naturzerstörenden Leistungsgesellschaft. Sie haben gelernt, Lebendigkeit und spontane Gefühle zu unterdrücken, um Karriere zu machen. Wer nach oben kommen will, muß sich einer feineren Kontrolle unterwerfen als der Arbeiter, der seine Arbeitskraft unter Aufsicht abliefert und nachher seiner Wege geht. Er muß die Kontrolle verinnerlichen und sie so weit verbessern, daß er anderen, ebenfalls kontrollierten Konkurrenten überlegen ist. Der erfolgreiche Angestellte oder Beamte ist im Rahmen der das Leben austreibenden Systeme auch noch ein Stück kreativ. Er verbessert Kontrolle, Vermarktung, Leistungs- und Produktivitätssteigerung. In Verkauf und Menschenführung muß er lernen, familiäre Fähigkeiten, wie Herzlichkeit und (scheinbare) emotionale Offenheit in den Dienst der Verwertungsinteressen zu stellen. Er hat viel weniger »Privatleben« als der einfache Arbeiter, und er steht häufig unter einem so großen inneren Druck, daß er kaum »abschalten« kann. Seine Freizeit verbringt er mit Tätigkeiten, die als »wertvoll« gelten und in denen er seine sprungbereite Konkurrenz- und Leistungsbereitschaft weiter üben kann.

Eben weil diese Lebensform keine Möglichkeiten zu einer zweiten und dritten Kindheit bietet, wie sie sich in zwangloser Kreativität, in produktiven Liebesbeziehungen, im Aussteigen und Ausflippen ausdrücken können, sind die Menschen auf die Therapien angewiesen, welche es ihnen anbieten, in einem durch eine Autorität kontrollierten Rahmen, von Experten verwaltet, begrenzte innere Freiräume zu entwickeln. Doch enthält dieses Modell bereits das Problem: die Entmündigung, die Verwaltung des Menschen, dem die Gesellschaft nicht mehr zutraut, daß er seine Schwierigkeiten dank seiner inneren Autonomie und Selbstregulation bewältigen kann.

So hängen die verbreiteten »narzißtischen« Störungen eng damit zusammen, daß die Gesellschaft auf einer Eigentumsordnung beruht, in der Verfügbarkeit, Kontrolle und Eigennutz über Besitz in jeder Form von früher Kindheit an zu den zentralen Merkmalen des Sozialverhaltens werden. Wie soll ein so geprägtes Kind lernen, daß Liebesbeziehungen nur zwischen freien Individuen wirklich produktiv sind? Die Eigentumsbeziehung wird auf die Partner übertragen, sie werden zu Ausweitungen des eigenen Selbst, wie andere Konsumgüter auch (*»Selbst-Objekte«* nennt die psychoanalytische Narzißmuspsychologie solche Beziehungsformen und führt sie auf Beschädigungen in der Familie zurück). Bezeichnenderweise haben die narzißtischen Störungen als Hauptproblem der psychoanalytischen Therapie inzwischen die ödipalen ebenso ersetzt wie der Konsumzwang und das Aufgehen in umfassenden bürokratischen Systemen in der entwickelten Industriegesellschaft die hochkapitalistischen Wirtschaftsformen des Rivalisierens, Konkurrierens und Verdrängens vom Markt.

Die psychotherapeutischen Methoden sind auf die Situation des ständig von Selbstentfremdung bedrohten, an ein wirtschaftlich notwendiges, menschlich aber weitgehend totes und unerträgliches »Image« gebundenen Angestellten zugeschnitten.

Ich erinnere mich in diesem Zusammenhang, wie eine therapeutische Gruppe eine kleine Angestellte feierte, die ihrem Chef, der den von ihr gekochten Kaffee kritisierte, die Tasse vor die Füße warf. Die Mitglieder äußerten, sie hätten ihr so was nie zugetraut, und entwickelten ähnliche Phantasien. Diese Episode hatte eine deutlich positive Wirkung auf die Beziehung der bisher sehr zurückhaltenden und ängstlich-angepaßten Frau zu den übrigen Gruppenmitgliedern. Sie begann sich freier zu äußern.

Die Therapie bietet einerseits dem unterdrückten Selbst Äußerungsmöglichkeiten. Andrerseits entschärft sie diese, verhindert, daß sie gesellschaftskritisch bedeutsam oder politisiert werden, weil sie ja in Zusammenhang mit der »Behandlung« einer »Krankheit« stehen. Sie darf das Leiden genau beschreiben, aber sie muß die Ursachen verdekken bzw. auf das Versagen der Familie eingrenzen. Andrerseits darf sie auch nicht zugeben, daß sie so lange weitgehend ohnmächtig ist, wie die Gesellschaft als Ganze ihre Naturausbeutung vervollkommnet. Sie muß vielmehr dem Individuum der Mittelschicht, das sich selbst bis in die intimeren, emotionalen Funktionen zur Ware macht und auf dem Konkurrenzmarkt verkauft, zusichern, daß es in der Therapie findet, was es verloren hat. Der Experte kommt aus der gleichen Schicht wie der Klient und hat für sich bereits eine Lösung – nämlich die Rolle des Therapeuten – gefunden. Er soll nun auch für den Patienten das Leiden am falschen Selbst aufheben und mit ihm das wahre, echte, wirkliche Selbst hinter der Fassade entdecken.

Der Weg zu diesem wahren Selbst wird als »Fortschritt«, als »Entwicklung«, als »Wachstum« angeboten. Das treffendste Bild für dieses andere Selbst ist aber ein verwahrlostes, hungriges Baby hinter einer prächtigen, gesellschaftlich repräsentablen Fassade. Unser »eigentliches« Wesen ist selten besonders attraktiv, wenn wir es mit den Maßstäben der Fassade betrachten. Diese Tatsache macht ein gut Teil der Enttäuschungen durch die Psychotherapie aus. Letztlich kann oft nur der Therapeut wirklich die Situation herstellen, die »gesund« ist – für sich selbst. In seinen Beschreibungen der Gestalttherapie sagt *Fritz Perls* beispielsweise immer wieder, daß jede äußere Kontrolle schlecht ist. Nur die Situation soll herrschen. Jedes *»du sollst«*, *»du mußt«* beeinträchtigt das gesunde Arbeiten des Organismus. Damit entsteht für den Therapeuten eine paradoxe Situation. Er handelt durch seine professionelle Maske, durch die Verpflichtung zur Therapeutenrolle, gegen sein eigenes Evangelium. Er kontrolliert sich, um die Kontrolle seiner Patienten zu lockern, er wendet Techniken an, um die Unterwerfung seiner Klienten an die Zwänge einer technisierten Gesellschaft aufzuheben.

Diese ökologische Kritik der Psychotherapie unterscheidet sich von der marxistischen durch ihre Zweifel hinsichtlich einer rationalen Lösung des Problems. Mit ihr verbindet sie das grundlegende Dilemma: Einerseits erschwert die Therapie eine grundlegende Veränderung der sozialen Umwelt, weil sie einzelnen Individuen das ihnen von der Gesellschaft auferlegte Schicksal erleichtert. Andrerseits können die gesellschaftlichen Wurzeln des seelischen Elends ohnedies nicht kurzfristig abgeschafft werden:

*»Der Kleinbürger muß, um im Bestehenden seine Rolle spielen zu können, in weitem Maß leblos, liebesunfähig, zerrissen, sich selbst ent-*

*fremdet existieren können, davon kann ihn keine Therapie wirklich befreien. Diese vermag allenfalls das Maß des auszuhaltenden subjektiven Elends so einzugrenzen, daß es den Verkauf der Arbeitskraft nicht stört und für den Feierabend noch einige Hoffnungen zuläßt. Das kann für die Betroffenen sehr viel bedeuten und ist deshalb, solange die gesellschaftlichen Ursachen psychischer Verelendung nicht abzuschaffen sind, viele Anstrengungen wert«,* sagt *Gerhard Vinnai* in seiner Kritik der Therapie.[21]

Wie sinnvoll ist es, sich gegen »privatistische« Lösungen von Übeln zu wehren, die letztlich klassentypisch und von der Gesellschaft auferlegt sind? Verspricht die Therapie nicht auch, die Fähigkeit zu rationalem politischen Handeln und zur Solidarität zu fördern? Gleichzeitig schafft sie, gewollt oder ungewollt, individualistische Lösungsstrategien zur Bewältigung von Problemen, die nicht auf einer individuellen Ebene liegen und durch solche »Individualisierungen« verschleiert und verleugnet werden. Täter und gleichzeitig Opfer sind dabei die Therapeuten.

# 15. Heilung für die Therapeuten?

»Unsere Kultur übt einen fast unerträglichen Druck auf uns aus, sie verlangt nach einem Korrektiv. Ist es zu phantastisch zu erwarten, daß die Psychoanalyse trotz ihrer Schwierigkeiten zur Leistung berufen sein könnte, die Menschen für ein solches Korrektiv vorzubereiten? Vielleicht kommt noch einmal ein Amerikaner auf den Einfall, es sich ein Stück Geld kosten zu lassen, um die social workers seines Landes analytisch zu schulen und eine Hilfstruppe zur Bekämpfung der kulturellen Neurosen aus ihnen zu machen.«

»Aha, eine neue Art von Heilsarmee.« *S. Freud**

»Seine Stärke, Boromir, ist zu groß, als daß irgend jemand ihn nach Belieben gebrauchen könnte, ausgenommen jene, die schon selber eine große Macht besitzen. Aber für sie birgt der Ring eine noch tödlichere Gefahr. Schon der Wunsch nach ihm verdirbt das Herz. Denket an Saruman. Wenn einer der Weisen den Herrscher von Mordor mit diesem Ring stürzen würde und dabei seine eigenen Listen anwendet, dann würde er sich selbst auf Saurons Thron setzen, und damit hätten wir nur einen weiteren dunklen Herrscher.«

*J. R. R. Tolkien***

* S. Freud, Die Frage der Laienanalyse, Ges. Werke XIV, Frankfurt am Main 1955, S. 285

** J. R. R. Tolkien, Der Herr der Ringe, Bd. I, Stuttgart 1978, S. 325

Unsere Situation läßt sich in einem Witz andeuten, den man angesichts der Bemühungen, die Folgen einer naturzerstörenden Gesellschaftsordnung zu mildern, immer wieder erzählen kann. Zu dem todkranken, ungläubigen Versicherungsmakler wird von den Angehörigen ein Geistlicher bestellt. Er soll ihn endlich bekehren. Die beiden sprechen lange hinter verschlossenen Türen. Endlich das mit Spannung erwartete Ergebnis: Der fromme Mann hat einen Versicherungsvertrag unterschrieben, der Sterbende bleibt gottlos.

So pflegt der Kapitalismus mit Glaubenslehren umzugehen. Manchmal frage ich mich, ob die Vorgänge in den sozialistischen Ländern nicht verraten, daß dort die marxistischen Bekehrungsversuche zu einem ähnlichen Ausgang geführt haben. Mit der Psychoanalyse in den westlichen Ländern war das zweifellos der Fall. Dennoch glaube ich, daß die beiden Theorien – *Marxismus* und *Psychoanalyse* – das wichtigste Fundament der Ökotherapie sind. Beide sind sehr umfassend. Sie enthalten eine Vielfalt von Gesichtspunkten, die uns helfen, eine gewisse Orientierung in dem sonst undurchschaubaren Mechanismus der Industriegesellschaft und der Individuen, die sie tragen, zu gewinnen.

Von der Psychoanalyse kann die Ökotherapie das Streben nach einer möglichst vorurteilslosen und offenen Teilnahme an natürlichen Abläufen übernehmen. Der Analytiker kann versuchen, die Freiheit der Einfälle und in ihnen den ganzheitlichen, zyklischen Charakter einer von Leistungs- und Fabrikationsidealen unberührten Innenwelt wiederherzustellen. Freilich ist er meistens damit beschäftigt, die Widerstände anzugehen, welche dieser Entfaltung der Innenwelt entgegenstehen: die Angst, Anpassungsforderungen aufzugeben, die verinnerlicht worden sind, die Angst, die Liebe des Therapeuten zu verlieren, wenn die innere Freiheit zugelassen wird, die Angst vor Chaos und Untergang, die das Verhältnis einer naturausbeutenden Gesellschaft zu allen natürlichen Vorgängen bestimmt. Das theoretische Gebäude, das die Analyse um dieses schlichte Geschehen der Teilnahme eines Menschen an der freigelassenen Innenwelt eines anderen herum errichtet hat, zeigt sehr deutlich, wie stark ein solches Unternehmen in unserer naturfeindlichen Gesellschaft abgesichert, mit Begriffen verteidigt und geordnet werden muß. Die wesentliche Funktion der Theorie scheint es zu sein, daß der Analytiker sich selbst und seinen Klienten in das Rollenverhältnis Experte–Laie oder Arzt–Patient oder Lehrer–Schüler bringen kann.

In der analytischen Praxis wird immer wieder klar, daß diese hierarchischen Unterschiede gerade am Eigentlichen, an der Substanz der Analyse vorbeigehen. Wo sie überhandnehmen, kommt der analytische Prozeß zum Stillstand. Gerade daß hinter der Fassade einer bezahlten Dienstleistung Analytiker und Patient in ein herzliches Verhältnis kommen müssen, wenn die Analyse fruchtbar werden soll, drückt den subversiven Anteil an dieser Situation aus. Es ist der Anteil an einem ursprünglichen Schamanismus, in dem die Wiederherstellung einer beide – Medizinmann wie den Kranken – umfassenden, mythischen Ordnung das Ziel und der Lohn der Behandlung ist.

Wie wenig diese Grundsätze freilich die Praxis der Pychoanalyse bestimmen, zeigt sich in den Unterwürfigkeitsritualen der Analytiker gegenüber dem Medizinsystem. Sie haben dem Versuch der Krankenkassen kaum Widerstand geleistet, die Behandlung der »Neurotiker« möglichst zu bürokratisieren, und die noch von Freud so energisch vertretene »Laientherapie« preisgegeben.

Dem Ökotherapeuten ist am Psychoanalytiker sympathisch, daß er von seiner Behandlung in der Regel nicht spricht wie von einem Allheilmittel. Sie ist langwierig, kostet viel Zeit, Geduld und Geld; ihr Erfolg richtet sich allenfalls gegen das neurotische Elend, während das allgemeine Leid unberührt bleibt. Freilich sind beileibe nicht alle Analytiker so bescheiden wie Freud selbst. Sie fangen an, mit anderen, marktschreierischen Therapeuten zu konkurrieren. Sie versprechen, auch das allgemeine Leid zu beseitigen, und bieten der Industriegesellschaft entlastende Mythen an, die eben wegen des allgemeinen Leidens gerne geglaubt werden. Die Psychotherapiemethoden erfüllen denselben Zweck wie die vielen Bilder im Playboy. Der sexuell frustrierte Käufer wird zwar bei keinem Bild seine Frustration wirklich los – aber er kann immer umblättern und damit verhindern, diese in ihrem ganzen Umfang wahrzunehmen.

Was ist an der Verhaltenstherapie brauchbar, wenn es darum geht, Modelle für eine Ökotherapie zu entwerfen? Zunächst scheint sie allzusehr ein Kind der technischen Verwertung von lerntheoretischem Wissen, in dem die Machbarkeit von Verhalten betont und angeblich wertfrei angeboten wird. Die Behandlungsmodelle sind nüchtern und einfach, eher auf Angehörige der Unterschicht zugeschnitten. Tatsächlich habe ich selten beobachtet, daß Verhaltenstherapeuten mit eigenen Problemen einen anderen Verhaltenstherapeuten aufsuchen – sie bevorzugen dann selbst die Psychoanalyse oder die »humanistischen« Psychotherapieverfahren.

Aber die Verhaltenstherapie hat auch den Vorzug, daß es in ihr selten jenes Nebulöse um den Experten gibt, das ein schwerwiegender Nachteil der psychoanalytischen Verfahren ist. Statt Übertragungen zu deuten, läßt sich der Verhaltenstherapeut durchaus darauf ein, jedefrau und jedermann in seiner Technik zu unterweisen und ihr die Qualität jener »höheren Weihen« abzusprechen, die den Umgang mit Analytikern oft so schwierig machen. Die Verhaltenstherapeuten neigten – zumindest für einige Zeit – in der Bundesrepublik auch dazu, sich dagegen zu wehren, daß nur akademisch ausgebildete Experten psychotherapeutisch tätig sein dürfen. Ob diese Bereitschaft zur »Laien«therapie in Zukunft anhalten wird, ist freilich zweifelhaft.

Um überhaupt die Grenze zwischen der Behandlung des überflüssigen und des unausweichlichen Leidens zu erkennen, ist es notwendig, mit einer Therapiemethode bis an jene Grenze zu kommen, wo sie wirklich ausgeschöpft ist. Wenn nun ständig daneben und darüber hinaus lockende Angebote gemacht werden, gerät es leicht zur Schuld der Methode, wenn sich das unausweichliche Leid nicht beheben, der ideal an die Bedingungen einer umweltzerstörenden Gesellschaft angepaßte Mensch nicht herstellen läßt.

Viele Stammkunden der Psycho-Szene können fast unablässig auf der Suche nach der »richtigen« Behandlung oder dem »richtigen« Therapeuten bleiben. Sie verlegen ein Problem nach außen, das in einem Mangel an Autonomie wurzelt.

Die Bereitschaft, in einer gestörten Umwelt auch ein Stück eigene Störung anzunehmen, gehört zu der ökologischen Betrachtungsweise unseres seelischen Gleichgewichts. Demgegenüber werden die Versprechungen in der Psychoszene immer hektischer, je weniger sie imstande sind, auch nur einen Bruchteil dessen zu erfüllen, was sie ankündigen.

*»Ein neues therapeutisches Modell, das tatsächlich über Therapie hinausreicht. Eine Person wird nicht länger etikettiert oder in Kategorien gepreßt. Das menschliche Wesen wird als Potential behandelt, als Samen, ein Mysterium, das sich durch die eigene Bewußtheit und Liebe entfaltet.«*

So kündigt ein amerikanischer College-Professor mit indischem Namen eine Gruppe an, die für hundert Mark am Tag in einer Woche insgesamt neun Methoden zu vermitteln verspricht: Atemtherapie, Sensory Awareness, Bewegungstherapie, Bioenergetik, Energiearbeit, Körperdiagnose, Gestalttherapie, Meditation, Regressionstherapie, Encounter[22] ...

*»Selbsterfahrungsseminar, das Spaß macht und Freude gibt. Kein Herumsuhlen in Problemen, sondern positive Persönlichkeitsaktivierung durch integrative Methodik... Ergebnisse sind neue Perspektiven, Energie, Akzeptieren, Kommunikation, Klarheit...«*[23]

Wie man dem leistungstüchtigen Erfolgsmenschen ein Stück zusätzlicher Psychologie vermittelt, hat ein anderer Anbieter herausgebracht. Er wirbt für *»Segelfliegen und Entspannungstraining – Hochseesegeln und Gruppenpsychologie – Bogenschießen und Konzentrationstraining – Drachenfliegen und Meditation – Moto-Cross und Rhetorik...«*[24]

Die Mechanismen der Konsumgesellschaft durchdringen hier jene Nischen, die zum Schutz vor Rationalisierung, Mechanisierung, Steigerung der Ausbeutung aufgesucht werden. Um dauernd in diesen Nischen leben zu können, müssen wachsende Zahlen von Therapeuten einander eine erbitterte Konkurrenz liefern, während sie in den Gruppen ganz entspannt eine heile und produktive Gefühlswelt vorspiegeln. Nicht mehr ein Symptom wird beseitigt, sondern der ganze Mensch wiedergeboren. Das ist kein Scherz; eine in solchen Seminaren angebotene Technik nennt sich *Rebirthing* oder *perinatale Therapie.*

*»Die Methode ist so einfach wie revolutionär. Sie öffnet den direkten Erlebniszugang zu allen, auch den frühesten und tiefsten Traumata, z. B. Geburtstrauma, und ermöglicht deren natürliche Auflösung. Durch vollständiges Annehmen und Loslassen und durch die prozeßhafte Vollständigkeit jeder einzelnen Sitzung wird der Weg frei zu den archetypischen und transpersonalen Dimensionen und damit zu den eigentlichen Selbstheilungskräften.«*

Gegen Ende des Werbetextes wird es pragmatischer:

*»Die 5 Tage bieten eine in sich geschlossene, intensive Selbsterfahrung mit besonderer Betonung auf gründliche Integration, Durcharbeitung und praktische Anwendung im Alltag. Als Training sind die 5 Tage ein Baustein für die professionelle Ausbildung zum qualifizierten Rebirther und Perinatalen Therapeuten.«*

Durch die Häufung von Ausdrücken wie direkt, prozeßhaft, transpersonal, archetypisch, intensiv, professionell, qualifiziert und das Angebot einer »Ausbildung« (die dem Ausgebildeten Zuflucht in derselben Nische verheißt, in der sein Ausbilder sitzt) wird der Anbieter den Anforderungen von Seriosität gerecht.

Das *»Geburtstrauma«* und die versprochene *»Wiedergeburt«* sind Symbole seiner eigenen sozialen Situation – des Versuches, die sozialen Widersprüche zu lösen, indem man die eigene Befreiung dadurch finanziert, daß man anderen Befreiung verspricht. Was die Teilnehmer in ihren regressiven Phantasien würgt, mag eine verschüttete Erinnerung an die körperliche Geburt sein – sicherlich aber ist es ein Ausdruck ihrer gegenwärtigen, unlösbaren Verstricktheit in ein die Natur erstikkendes System. Die Erfindung der *»Atemmethode zur umfassenden Selbstverwirklichung«* verschafft dem Erfinder möglicherweise seine eigene Neugeburt durch die ständige Beschäftigung mit dem Geburtstrauma seiner »Kunden«. Wie sehr dabei die Gefahr besteht, sich selbst bis in die Einzelheiten seines Lebens hinein zur Ware zu machen, zeigt der in dem zitierten Prospekt eines Zentrums für Therapie und Selbsterfahrung kleingedruckte Text über eine Therapeutin.

Ihre Karriere ist wiederum ein Hinweis auf die Frustration, die innerhalb der herkömmlichen psychiatrischen Einrichtungen erlitten wird, und aus der heraus die Entdeckung der *»intensiven Selbsterfahrung«* bis hin zum Therapeut-Werden einen Fluchtweg bietet:

*»Ma Jutta, Jg. 1954, Krankenschwester, 4 J. Psychiatrieerfahrung, Intensive Selbsterfahrung in Gestalt, Körperarbeit und emotionaler The-*

*rapie; seit 1977 Co-Leitung von Intensivgruppen; qualifizierter Rebirther; große intuitive Begabung; eine Indienreise; 23.10.1979 ekstatische Hausgeburt mit der Rebirthingmethode.«*

Diese Details charakterisieren auch die weibliche Therapeutenrolle. Der männliche Leiter der hier angesprochenen Gruppe wird als Arzt, Psychoanalytiker, 8 Jahre Psychiatrieerfahrung und Gründer eines Instituts für perinatale Therapie vorgestellt. Gemeinsam ist das Aussteigen aus der harten psychiatrischen Realität in die Nische der Beschäftigung mit einem *»Zentrum für ganzheitliches Wachstum«* – aber Ärzte haben es nicht nötig, Intuition oder Hausgeburten als qualifizierende Merkmale anzugeben.

Krankenschwestern, Lehrer, Ärzte, Psychologen, die den sozialen Einrichtungen den Rücken kehren und sich mit einem verheißungsschwangeren Therapiemodell auf den freien Markt wagen, machen beides: die Entwicklung einer Alternative zu den bürokratischen Institutionen, in denen Gefühl und Lebendigkeit zu Tode verwaltet werden, und die Entwicklung einer neuen, subtilen Form von Ausbeutung, durch die sie selbst dauernd in einer scheinbar emotional befreiten Welt bleiben können, während die Klienten, welche ihnen diese Nische ermöglichen, periodisch an ihre entfremdeten Arbeitsplätze zurückkehren müssen.

Die Theorien dieser Nischenwelten, die sich oft mit dem Titel *»humanistische Psychologie«* schmücken, drücken diesen doppelten Ursprung aus. Sie versuchen, dem Individuum weiszumachen, daß es in einer beschädigten Natur kraft seiner eigenen Anstrengungen Lebenskraft und Gefühl zurückgewinnen kann. Ein Urteil über die Aussichten dieses Unternehmens wird dadurch erschwert, daß es neben dem unausweichlichen auch überflüssiges Leid in der Industriegesellschaft gibt. Die Leistungs- und Kontrollmechanismen werden auf Situationen verallgemeinert, in denen trotz allem noch Spontaneität, Zärtlichkeit, offener Ausdruck auch »negativer« Gefühle wie Wut, Eifersucht und Passivität möglich sind.

Problematisch wird die Hilfe dann, wenn sie vorgibt, diesen Widerspruch zu lösen, den sie verdeutlichen sollte. Jeder professionelle Experte im psychosozialen Bereich, der sich nicht dessen bewußt ist, daß er auch für sich selbst Zuflucht bei seinen Schützlingen sucht, ist mit Vorsicht zu betrachten. Er wird kaum den Schritt zur Ökotherapie vollziehen und die Bereitschaft zu seiner Selbstaufhebung entwickeln können. Andrerseits finde ich die Meinung naiv, Sozialarbeit, Psychotherapie oder die Gründung eines Zentrums für Selbsterfahrung seien sinnlose Ablenkungsmanöver in einem Kampf, der von Grund auf politisch ausgetragen werden müßte. Diese Position läßt nur das Rationale gelten, nicht die Gefühle, die eben für viele Menschen die psychosoziale Tätigkeit anziehender machen als den politischen Kampf. Gerade wer in seiner Politik für die Aufhebung der zweckrationalen Verwertung des Menschen eintritt, sollte das beherzigen.

Die meisten Therapeuten treten auf wie Justitia: mit der Binde vor den Augen. Statt der Waage halten sie nur *eine* Schale, aus der sie den Trank des Vergessens jener gesellschaftlichen Zustände ausschenken, die ihre eigene Existenz bestimmen. *Gerhard Vinnai* hat diese Ausweitung des Kampfes gegen die Intellektualisierung (der in vielen Behandlungen und sicher auch in der Ökotherapie sinnvoll ist) zu einer Verschleierung der eigenen Interessen und der eigenen sozialen Situation scharf kritisiert. Er zitiert drei Hauptvertreter der »humanistischen« Selbsterfahrung und Therapie. Sie alle versprechen das Blaue vom Himmel und sagen mit keinem Ton, daß jedes Mehr an Emotionalität auch ein Stück Subversion, Unangepaßtheit, Karriereverzicht in einer rationalen, bürokratischen, profitbeherrschten Gesellschaft sein muß – kein Wunder, denn die Lebensform des Therapeuten ist wie kaum eine andere geeignet, eben diesen Widerspruch zu verschleiern: *»Das Ziel der Bioenergetik«,* sagt etwa *Alexander Lowen, »ist es, den Menschen wieder zu ihrer ersten Natur, zu ihrer Primärnatur zu verhelfen: zum Zustand der Freiheit, Anmut und Schönheit...«*[25] Diese Werte sind mir auch wichtig. Aber wenn ich zu dem Seminar, auf dem sie mir angeblich vermittelt werden, über eine Autobahn fahre, die erbarmungslos durch Wälder und Obstgärten schneidet, und auf dem Seminar, nachdem ich Anmut, Freiheit und Schönheit unter der Anleitung eines bioenergetischen Experten mit Diplom eingeübt habe, möglicherweise in einer Trabantenstadt spazierengehe und in einem Restaurant ungesundes Essen hinunterschlucke – dann glaube ich nicht mehr so ganz, daß ich jemals wie der Lowensche Ideal-Patient am Ende der Therapie *alles gern tun werde, »ob es sich um Arbeit, Freizeitgestaltung oder Sex handelt«.*[26]

Ähnlich allgemein und positiv äußert sich *Fritz Perls: »Die Gestalttherapie ist eine Philosophie, die in Harmonie sein will, die in Übereinstimmung mit allem sein will, mit der Medizin, mit den Naturwissenschaften, mit dem Universum, mit allem, was ist.«*[27] Am weitesten geht die Selbstverschleierung bei *Arthur Janov*, der einerseits nicht müde wird, immer neue Bücher über seine Primärtherapie zu schreiben, andrerseits jedoch in jedem dieser Bücher sagt, für den realen, abwehrlosen Primärtherapeuten zähle nur das Gefühl.

Die primärtherapeutische »Teufelsaustreibung« wird durch eine dualistische Theorie untermauert, in der Gut, Primärtherapie, real, Gefühl, Gesundheit auf der einen Seite stehen, und Böses, Nichtprimärtherapie, symbolisch, rational, Krankheit auf der anderen. So gibt die Möglichkeit, unvollständige Bearbeitung der Urschmerzen festzustellen, dem

Therapeuten auch die Chance, jeden Widerspruch auszulöschen: wer nicht »real« wurde, ist eben noch nicht »tief« genug gekommen, bis hin zu seinem Geburtstrauma oder vielleicht noch früher. Immer da, wo Janov den »Normalen« und den »Neurotiker« einander gegenüberstellt, wird dieses Dilemma deutlich.

Die grundlegende, das Überleben in der Industriegesellschaft für Nicht-Therapeuten ermöglichende Verformung der Menschen wird als neurotisch ausgegeben, um das eigene Versprechen von »normal« besser verkaufen zu können.

*»Da der Neurotiker den vollen Sinn seines Lebens nicht zu empfinden vermag, muß er oft ein Super- oder künftiges Leben erfinden – Orte, an denen das reale Leben vor sich geht. Er muß sich vorstellen, daß irgendwo der wahre Sinn und Zweck von alledem zu finden sind. Vielleicht glaubt er, daß Gelehrte diesen Sinn für ihn finden können, dabei kann nur er es. Dadurch, daß der Normale seinen eigenen Körper entdeckt, braucht er keinen besonderen Ort zu ersinnen, an dem das Leben wirklich vor sich geht... Der Normale hat eine ganz einfache Entdeckung gemacht: Der Sinn ist nicht etwas, das herausgefunden werden muß, sondern nur empfunden werden kann. Deshalb rast er nicht zu Wochenendseminaren, bei denen Themen wie: Wie führe ich ein gutes Leben? Wie findet man Freunde? oder dergleichen behandelt werden.«*[28]

Rast er statt dessen zu primärtherapeutischen Seminaren? Aber die Sache ist ernster: Janov drückt die verzweifelte Situation des spätbürgerlichen Individuums in der Sackgasse der Industriegesellschaft aus – und verspricht die Lösung durch Regression auf einen kindlichen Urzustand. In einer sinnlos gewordenen, umweltzerstörenden Gesellschaft bleibt dem Individuum am Ende nur noch der eigene Körper und dessen Möglichkeiten, in die Kindheit und in die frühen Schmerzen zurückzukehren. Diese Rückkehr schafft keine neue Realität, aber eine neue Hoffnung auf einen Freiraum, eine Nische. Was draußen ist, bleibt böse: Kampf, Ehrgeiz, Tätigkeit, politischer Einsatz, philsophische Debatten, Religion sind bereits so weit in den Verwertungsprozeß der kapitalistischen Gesellschaft einbezogen, daß sie keine freundliche Realität mehr bieten. Der Körper ist kein Haus mit Türen und Fenstern, sondern ein Schneckenhaus.

Indem Janov versucht, dem so verletzten und verunsicherten Individuum seine körperhaften Gefühle als urtümliches Stück Geborgenheit zurückzugeben (»Urschrei«, »Primärtherapie« sind in dieser Hinsicht ebenso verräterische Ausdrücke wie Lowens Begriff der »Primärnatur« des Menschen), wird auch dieser bisher verborgene Bereich einer Verwertung zugänglich (wozu es ausgezeichnet paßt, daß man den Begriff »Primärtherapie« als Warenzeichen schützen kann). Dem entspricht eine subjektive Beobachtung, die ich den ebenso subjektiven Erfolgsberichten Janovs gegenüberstellen will: Die einzigen Patienten, die durch die Primärtherapie »geheilt« werden, sind meiner Meinung nach die Therapeuten, die sie anwenden. Hier habe ich wirklich deutliche Veränderungen bemerkt – während ich bei Patienten, die nicht Therapeuten wurden, oft eher ungünstige Veränderungen sah (beispielsweise eine verstärkte Neigung, sich in Urschmerzen zurückzuziehen, heftige Depressionen über den ausbleibenden Erfolg der Therapie, Unfähigkeit, mit nicht-primärtherapeutisch Behandelten noch soziale Kontakte aufrechtzuerhalten). *Hansjörg Hemmingers* Kritik an der Urschreitherapie weist in eine ähnliche Richtung, obwohl er die soziale und seelische Situation des Therapeuten nicht einbezieht.[29]

Setzen wir dieses Gedankenexperiment fort, so wird das Dilemma der Psychotherapie in der Industriegesellschaft deutlicher. Wirklich heilen kann sie nur die Therapeuten, die einen naturnahen, gefühlsbestimmten Arbeitsplatz gewinnen. Sie können wie parasitäre Pflanzen noch in den Individuen wurzeln, welche ihrerseits entwurzelt sind und in der lieblosen, demütigenden, sinnleeren Arbeitswelt keine emotionalen Kräfte mehr schöpfen können. Die Therapeuten finden Möglichkeiten, ihre frühkindlichen Schäden auszugleichen, ihre eigenen Ängste, abgelehnt, in ihrer Autonomie, ihrer emotionalen Kreativität nicht anerkannt zu sein. Die Patienten müssen von der Therapie enttäuscht bleiben, solange sie nicht auch Therapeuten werden. So verschafft sich die Konkurrenz der Individuen Eintritt in die Schonräume der Therapie. Wer »begabt« genug ist, kann seine kindliche Tragödie ausgleichen, indem er selbst Therapeut wird: wer es nicht schafft, muß Patient bleiben. Heilung gibt es nicht mehr, es sei denn, wir erwarten von der Therapie nicht, wie es Rogers, Lowen, Perls, Janov und viele der späten Psychoanalytiker tun, daß sie für die Patienten einen Ausweg aus dem immer allgemeiner und schwerer erträglichen Leid der umweltzerstörenden Gesellschaft bietet. *Das* tut sie, in einer begrenzten Weise, nur für die Therapeuten.

# 16. Abschied von der Macht

»Die drei Quellen... aus denen unser Leiden kommt: die Übermacht der Natur, die Hinfälligkeit unseres eigenen Körpers und die Unzulänglichkeit der Einrichtungen, welche die Beziehungen der Menschen zueinander in Familie, Staat und Gesellschaft regeln. In betreff der beiden ersten kann unser Urteil nicht lange schwanken; es zwingt uns zu Anerkennung dieser Leidensquellen und zur Ergebung ins Unvermeidliche. Wir werden die Natur nie vollkommen beherrschen, unser Organismus, selbst ein Stück dieser Natur, wird immer ein vergängliches, in Anpassung und Leistung beschränktes Gebilde bleiben. Von dieser Erkenntnis geht keine lähmende Wirkung aus; im Gegenteil, sie weist unserer Tätigkeit die Richtung. Können wir nicht alles Leiden aufheben, so doch manches, und anderes lindern, mehrtausendjährige Erfahrung hat uns davon überzeugt. Anders verhalten wir uns zur dritten, zur sozialen Leidensquelle. Diese wollen wir überhaupt nicht gelten lassen, können nicht einsehen, warum die von uns selbst geschaffenen Einrichtungen nicht vielmehr Schutz und Wohltat für uns alle sein sollten...«

*S. Freud**

»Verzweiflung oder Torheit?« sagte Gandalf. »Es ist nicht Verzweiflung, denn Verzweiflung ist nur für jene, die das Ende unzweifelhaft erblicken. Das tun wir nicht. Es ist Weisheit, die Notwendigkeit zu erkennen, wenn alle anderen Möglichkeiten erwogen sind, obwohl es denjenigen wie Torheit vorkommen mag, die sich an falsche Hoffnungen klammern. Nun gut, laßt Torheit unseren Deckmantel sein, ein Schleier vor den Augen des Feindes. Denn er ist klug und wägt auf den Waagschalen seiner Bosheit alles genauestens ab. Doch der einzige Maßstab, den er kennt, ist Begehren, das Streben nach Macht, und danach beurteilt er alle Herzen. Ihm wird der Gedanke nicht kommen, daß jemand keinen Gebrauch davon machen will, daß wir den Ring haben und dennoch trachten könnten, ihn zu zerstören. Wenn wir das versuchen, werden wir seine ganze Berechnung durcheinanderbringen.«

*J.R.R. Tolkien***

* S. Freud, Das Unbehagen in der Kultur, Ges. Werke XIV, Frankfurt am Main 1955, S. 444

** J.R.R. Tolkien, Der Herr der Ringe, Bd. I, Stuttgart 1978, S. 327

Die Aussichten für eine rechtzeitige Heilung des kranken Verhältnisses zwischen den Industriegesellschaften und der Umwelt sind schlecht. Die zweckrationale, individuelle Beherrschung der Natur, die im Bürgertum entstanden ist, hat eine kaum wieder rückgängig zu machende Faszination. Verzicht auf diese Kontrolle weckt tiefe, kaum beherrschbare Ängste. So werden wir weiter Atomkraftwerke, Panzer, Interkontinentalraketen und Maschinenwaffen bauen, solange es wirtschaftlich möglich ist.

Das heißt jedoch nicht, daß es nur die Wahl gibt zwischen einer Verleugnung der drohenden Katastrophe oder Verzweiflung. Ich habe deshalb zu jedem Kapitel dieses Buches ein Zitat aus der Tolkien-Trilogie über die Ringe der Macht herausgesucht, weil mir dieser ökologische Mythos, der so viele Jugendliche und Erwachsene fasziniert, ein Stück weit das Gegenstück zum »Unbehagen in der Kultur« auszudrücken scheint. In allen früheren Heldenmythen geht es darum, etwas Verlorenes, noch nicht Erreichtes zu gewinnen – eine Braut, einen Schatz, ein Reich. Doch diese Handlung tritt im *»Herrn der Ringe«* gegenüber einer ganz neuartigen zurück: Es geht darum, etwas loszuwerden, was ungeheuer mächtig, aber gerade deshalb auch vernichtend ist. Dieses Unternehmen ist, wie *Tolkien* immer wieder betont, hoffnungslos. Aber dennoch gehen die beiden *Hobbits* den tödlichen Weg. Sie haben im Grunde keine Aussicht, nicht nur, weil der Feind so mächtig ist, sondern auch deshalb, weil das Symbol seiner Macht in unentrinnbare Abhängigkeit verstrickt. Dennoch gelingt die Befreiung. Weil die Hobbits, trotz ihrer Ohnmacht gegen den magischen Ring, alles getan haben, was in ihrer begrenzten Macht steht, kann ein unvorhergesehener und nicht vorhersehbarer Zufall eintreten, der zum Untergang der Macht des Ringes und der beiden bisherigen, völlig vom Bösen überwältigten Besitzer des mächtigen Ringes führt. Was die Hobbits tun – zum Beispiel ihr Mitleid mit Gollum –, ist gefühlsbestimmt, ungeplant, und darum rettender als die Pläne der Macht.

So finde ich auch, daß der einzelne – auch der einzelne Therapeut – in einer hoffnungslosen Position ist, angesichts der Übermacht der industriellen Sachzwänge und angesichts seiner eigenen Verstrickung, die ihn immer wieder in Gefahr bringt, mit seinem Wissen und Expertentum Abhängigkeiten zu erzeugen, Macht festzuhalten und damit zu befestigen, was er doch zu erleichtern hofft. Dennoch finde ich das keinen Grund zur Verzweiflung. In vielen Situationen haben wir nach wie vor die Wahl, uns der Macht zu unterwerfen oder gegen sie anzukämpfen. Die Stimme der Gefühle, der naturwüchsigen Empfindungen ist oft leise und verzerrt, aber immer wieder hörbar. Die autonomen Zyklen, die allein über unser Glück und Unglück entscheiden, sind gestört, aber sie bleiben im Untergrund erhalten, solange wir leben. Immer wieder haben wir die Möglichkeit, daß aus dem Dunkel wieder Licht wird, aus Trauer Freude, und aus Verkrampfung Entspannung. Wir brauchen keinen Experten dazu, uns in uns zu Hause zu fühlen – auch wenn dieses Zuhause unvollkommen ist, wenn es Narben trägt, Spuren von Zerstörung. Das Unbewußte ist weit größer und umfassender als das Bewußte – sowohl in unserem Körper und in unserer Seele wie in der Gesellschaft und in der Natur. Die Unterwerfung unter die Zwecke der Ausbeutung, der Profitzwänge hat beides vergiftet: unser Denken und unser Fühlen. So haben wir keine Gewißheit, wenn wir etwas ändern wollen. Dennoch können wir in manchen Situationen sehen, was dem Leben in uns und um uns dient, und was es verkleinert und vernichtet. Es gibt keine allgemeine Richtung und keine allgemeine Antwort; es gibt nur die Bereitschaft, ein Stück Leid als unausweichlich zu ertragen, ohne sich masochistisch abzufinden, ohne sich mehr zu quälen, als es unausweichlich ist, und dennoch weiterzugehen zu dem ungewissen Ende.

**Anmerkungen**


1 W. Schmidbauer, Homo consumens, Stuttgart 1972
2 J. Liedloff, Auf der Suche nach dem verlorenen Glück. Gegen die Zerstörung unserer Glücksfähigkeit in der frühen Kindheit, München 1980
3 W. Schmidbauer, Jäger und Sammler. Als sich die Evolution zum Menschen entschied, Planegg bei München 1973
4 C. Turnbull, Das Volk ohne Liebe. Der soziale Untergang der Ik, Reinbek bei Hamburg 1973
5 E.F. Schumacher, Die Rückkehr zum menschlichen Maß – small is beautiful, Reinbek bei Hamburg 1977
6 P. London, Behavior Control, New York 1969, deutsch: Der gesteuerte Mensch, München 1973
7 W. Schmidbauer, Homo consumens, a.a.O.
8 I. Illich, Die Nemesis der Medizin. Von den Grenzen des Gesundheitswesens, Reinbek bei Hamburg 1977. Illich hat hier solche Beweise gesammelt
9 Vgl. F. Zorn, Mars, München 1977
10 I. Illich, Die Nemesis der Medizin, a.a.O. Vgl. auch: Ders., Schulen helfen nicht. Über das mythenbildende Ritual der Industriegesellschaft, Reinbek bei Hamburg 1969

11 I. Illich, Die Nemesis der Medizin, a.a.O., S. 29
12 Ebenda, S. 84
13 Ebenda, S. 90 u. 91
14 Ebenda, S. 128. – Psychologisch sind die lebenserhaltenden Maschinen der Intensivstation eine Wiederholung der frühesten, intrauterinen Beziehung des Menschen zu seiner Umwelt, eine Karikatur der menschlichen Mutter ebenso wie der Mutter Natur, die den Körper zurücknimmt. Dialysepatienten entwickeln oft »irrationale« Haßgefühle gegen die »Maschine«, von der sie abhängen.
15 Ebenda, S. 13
16 Ebenda, S. 111
17 *Medical Tribune,* Nr. 35 v. 28.8.1981, S. 3
18 Vgl. H. Bollinger, G. Brockhaus et al., Medizinerwelten, München 1981
19 Sie wird oft durch eine Vollkommenheitssehnsucht verdeckt: Wir wollen eine perfekte Ganzheit und lehnen die primitive Ganzheit ab.
20 A. Miller, Das Drama des begabten Kindes, Frankfurt am Main 1977
21 G. Vinnai, in: H. Nagel u. M. Seifert, Inflation der Therapieformen, Reinbek bei Hamburg 1979, S. 88
22 Prospekt *»Buddhafeld Karuna«*, Mai 1981
23 Anzeige in *Psychologie heute,* Juni 1981, S. 88
24 Ebenda, S. 88
25 A. Lowen, Bioenergetik, Bern–München 1976, S. 283
26 Ebenda, S. 283
27 F. Perls, Gestalttherapie in Aktion, Stuttgart 1976, S. 51
28 A. Janov, Der Urschrei, Frankfurt am Main 1973, S. 154
29 H. Hemminger, Flucht in die Innenwelt, Berlin 1980
30 Vgl. W. Schmidbauer, Die hilflosen Helfer, Reinbek bei Hamburg 1981 (erweiterte Neuauflage der Ausgabe von 1977)

# fischer perspektiven – fischer alternativ

**Günter Altner (Hg.)**
**Die Welt als offenes System**
Eine Kontroverse um das Werk von Ilya Prigogine
Band 4168
Die bisherige wissenschaftliche Entwicklung kann für den weiteren zivilisatorischen Fortschritt nicht ohne Folgen bleiben. Die modernen Industriegesellschaften werden immer komplexer, welche Perspektiven positiver oder negativer Art zeigen sich dabei?

**Ferdinand W. Menne**
**Eigensinn und Selbsthilfe**
Über das Recht auf einen kleinen Alltag
Band 4169
Die Alternativen können nur überleben, wenn sie sich das Recht auf den kleinen Alltag erkämpfen. Wer den »kleinen Leuten« lebensnotwendige Sicherheiten entzieht, handelt nicht nach dem Subsidiaritätsprinzip. Nur eine aktive Förderung der Alternativen und Stärkung von Eigensinn, Eigenwillen und Eigenmacht der Kleinen vermag dies zu erreichen.

**Bettina Jansen/Brigitte von der Twer**
**Für einen anderen Umgang mit der Natur**
Wider männliche Beherrschung und Zerstörung der Natur
Band 4171
Eine Analyse der Umweltzerstörung durch eine sich nur männlich begreifende Naturwissenschaft und deren Neugestaltung, indem weibliche Erfahrung zu einem neuen wissenschaftlichen Kriterium gemacht wird. Nur so läßt sich eine geschlechtsspezifische Aneignung von Umwelt überwinden.

**Fischer Taschenbuch Verlag**

fi 110/1c

fi 113/ 1

# Die Veränderung der Zukunft

**Helmut Swoboda**
**Der Kampf gegen die Zukunft**
Band 4004
Helmut Swoboda hat sich mit seinem Buch über Utopien einen Namen gemacht. Auch im vorliegenden Buch geht der Autor von der Utopie einer kreativen Gesellschaft aus, in der sich jeder entfalten kann. Dabei malt Swoboda nicht ein Schlaraffenland an die Wand, er geht vielmehr in schriftstellerischer Detailarbeit an die Analyse unseres Alltags. Dabei kommt der Autor zum Schluß, daß wir uns durch eine »realistische« Lebensweise den Weg in die Zukunft selber verbauen. Auf der einen Seite halten wir an starren Strukturen fest, um andererseits den Fortschritt aus kurzfristigen Überlegungen immer weiter voranzutreiben. Bestehendes, das wir einst in bester Absicht geschaffen haben, verliert so seinen Sinn, wodurch auch die Zukunft immer sinnloser wird.

**Wege aus der Wohlstandsfalle**
Der **NAWU**-Report:
Strategien gegen Arbeitslosigkeit und Umweltzerstörung
Herausgegeben von H. Chr. Binswanger/Werner Geissberger/ Theo Ginsburg. Band 4030
Die Ratlosigkeit der offiziellen Wirtschaftspolitik erfordert mutige und realisierbare Konzepte, die in Neuland vorstoßen. Solange die Alternative auf umweltschädigendes Wachstum *oder* Arbeitslosigkeit beschränkt wird, öffnet sich kein Weg aus der Wohlstandsfalle. Eine Strategie wie man Lebensqualität *und* Vollbeschäftigung erreichen kann, hat die Schweizer Gruppe für »**N**eue **A**nalysen **W**irtschaft **U**mwelt« (NAWU) entworfen. Dabei zeigt es sich immer mehr, daß unser Lebensstil überhaupt zur Diskussion steht. Wir müssen unsere Vorstellungen über die industrielle Massenproduktion, das Geld, die Eigentumsformen und unsere Art miteinander zu leben von Grund auf neu überdenken.

fischer alternativ

**Fischer Taschenbuch Verlag**